Sesgos Cognitivos

Una Fascinante Mirada dentro de la Psicología Humana y los Métodos para Evitar la Disonancia Cognitiva, Mejorar sus Habilidades para Resolver Problemas y Tomar Mejores Decisiones

Índice de Contenidos

Contenido

Introducción

El cerebro humano es un mecanismo complejo, y aún no entendemos la totalidad de sus funciones. En este libro, vamos a echar un vistazo a algunas funciones relacionadas con los sesgos. Usted puede encontrarlos en todos los aspectos de la sociedad, desde la prensa a la televisión, desde la sala de reuniones al comedor. Siempre nos han plagado, pero ahora estamos comenzando a comprender los peligros que plantean y a entenderlos un poco mejor.

En un nivel más personal, usted puede combatir estos sesgos siendo menos sesgado. Para poder hacer eso, debe identificar sus propios sesgos, y yo le mostraré cómo hacerlo.

Seamos realistas. Todos hemos enfrentado esta situación anteriormente. Hemos tenido (o aún tenemos) pobres habilidades de pensamiento, toma de decisiones, y resolución de problemas, y tenemos que solucionar los líos que hemos causado.

Pero eso termina hoy. Aquí le ayudaré a identificar y superar sus propios sesgos y mostrarle algunos "trucos" de pensamiento para ayudarle a ser un pensador más efectivo. No importa cuáles sean sus fortalezas y debilidades en la vida. No importa si usted permite que sus emociones corran libremente y controlen cada aspecto de su vida.

Estas cosas pueden arreglarse, y puede hacerlo sin matricularse en algún complejo programa de capacitación.

Tan solo tómese un momento y piense qué tan simple sería la vida para usted si tan solo pudiera pensar y tomar decisiones de manera rápida y sin sesgos. Todos queremos aprender a hacer esto. Ahora es el mejor momento para comenzar.

Parte 1: Psicología y la Mente Humana

Psicología del Cerebro: Cómo Piensan los Humanos

Comencemos desde el principio. Para entender los sesgos y otros curiosos aspectos de la mente humana, usted necesita entender cómo funcionan nuestras mentes. No se preocupe. No recibirá una dosis de introducción a la psicología. Solo analizaremos información básica para darle un mejor entendimiento.

¿Alguna vez se ha preguntado por qué hacemos las cosas de la manera en que las hacemos? A pesar de que nos esforzamos en conocernos a nosotros mismos, la realidad es que no sabemos mucho acerca de nuestras mentes, y mucho menos respecto a cómo piensan otras personas. Charles Dickens dijo una vez, "un maravilloso hecho para reflexionar, es que cada criatura humana está constituida para ser ese profundo secreto y misterio para todos los demás".

Los psicólogos han trabajado arduamente para estudiar la mente humana, para así descubrir cómo vemos el mundo alrededor de nosotros y entender qué nos impulsa a actuar. El cerebro es el mecanismo más complejo, y el hecho de que exista algo como esto es un milagro. Si bien el funcionamiento de una sola neurona en el cerebro puede entenderse, y la función general de redes neurales es vagamente comprendida, el funcionamiento del cerebro en su totalidad es un misterio. Hasta el momento, hemos avanzado mucho en la comprensión del cerebro, sin embargo, hay mucho más que aún queda por aprender. Si bien diferentes personas tienen diferentes mentalidades y estructuras cerebrales, hemos aprendido, mediante algunos infames estudios y experimentos, algunas verdades universales respecto a la naturaleza humana. A continuación, podrá ver diez de esas verdades; verdades que podrían cambiar su entendimiento de usted mismo.

Cualquiera Puede Ser un Poco Malvado

Quizás uno de los experimentos más infames de toda la historia de la psicología fue el que tuvo lugar en la cárcel de Stanford en 1971. El estudio analizó la forma en la que el comportamiento humano es afectado o influenciado por situaciones sociales; se trata de una "cárcel" que fue creada en el sótano del edificio de psicología de la Universidad de Stanford, la cual era liderada por Philip Zimbardo. Veinticuatro estudiantes de pregrado fueron seleccionados. Ninguno de ellos tenía algún tipo de antecedente penal, y todos estaban psicológicamente sanos. Los estudiantes actuarían como prisioneros y guardias carcelarios, y eran observados por los investigadores usando cámaras escondidas.

Si bien el experimento duraría varias semanas, tuvo que terminarse antes de una semana. Los guardias de la prisión mostraron un comportamiento extremadamente abusivo, efectuando torturas físicas y psicológicas, lo que trajo como consecuencia que los prisioneros se volvieron ansiosos y estresados emocionalmente.

Philip Zimbardo declaró: "los guardias incrementaron su agresión hacia los prisioneros, desnudándolos, poniendo bolsas sobre sus cabezas, y finalmente los hicieron participar en actividades sexuales cada vez más humillantes. Tras seis días, tuve que terminar el experimento porque estaba fuera de control. No podía ir a dormir por la noche sin preocuparme por lo que los guardias pudieran hacerles a los prisioneros".

Raramente Vemos Lo Que está Directamente Frente a Nosotros

¿Cree que sabe todo lo que sucede sobre usted? Puede que sí, pero una vez más, lo más probable es que no. Ninguno de nosotros está totalmente al tanto. A finales de los años 90, investigadores de Kent y Harvard estudiaron a las personas que caminaban por el campus de la Universidad de Cornell para ver qué tan bien las personas se percataban de su entorno inmediato. Durante la prueba, un actor se acercaría a una persona y le pediría direcciones. Mientras la persona daba dichas direcciones, los científicos enviaron a dos hombres con una puerta de madera para que caminaran entre los dos, interrumpiendo la vista entre ellos por algunos segundos. Sin contacto visual, el actor se cambiaría por otro actor, quien vestía ropa diferente, cabello diferente, voz diferente, e incluso con diferente estatura y contextura. Alrededor del 50% de los participantes pensaron que el actor era la misma persona. No se percataron que le hablaban a otro actor.

Entonces, ¿qué nos dice esto? Este fue uno de los estudios originales para explorar el fenómeno llamado "ceguera de cambio". Esto muestra que la raza humana es, en general, bastante selectiva acerca de la información que considera desde nuestro entorno o escenario inmediato. Pareciera que dependemos mucho más del reconocimiento de patrones y de la memoria de lo que nos damos cuenta.

Es Difícil Retrasar la Gratificación, Pero Cuando lo Hacemos, Experimentamos el Éxito

Posiblemente ya ha oído hablar de este experimento. Este fue conocido como el famoso experimento de malvaviscos de Stanford que tuvo lugar a finales de los años 60. En este experimento, los científicos querían ver cómo niños en edad preescolar resistían la gratificación instantánea al estar justo frente a ellos. La gratificación instantánea es la plaga de la era moderna que mata lentamente a todo el mundo con vidas vacías e insatisfechas. A partir de este experimento, los científicos aprendieron mucho acerca de la fuerza de voluntad y la autodisciplina. Pusieron a niños de cuatro años en una habitación vacía, y les dieron un plato con un solo malvavisco. A los niños se les permitía elegir entre dos opciones: comerse el malvavisco ahora, o esperar 15 minutos. Si podían esperar, se les darían dos malvaviscos.

Por supuesto, todos sabemos que la mejor opción habría sido esperar y tomar los dos malvaviscos. Los niños sabían eso también, y muchos de ellos eligieron esperar. El problema es que muchos otros no pudieron resistir, rindiéndose y comiéndose el malvavisco antes de los 15 minutos, perdiendo la recompensa de dos malvaviscos. Los niños que lograron controlar sus impulsos y esperaron todo ese tiempo utilizaron varias tácticas para evitar mirar los malvaviscos; se alejaban de ellos, o incluso se cubrían los ojos, para no caer en la tentación. Hubo algunas implicancias significativas de este comportamiento; aquellos que podían retrasar su gratificación eran menos propensos a tener sobrepeso, o a ser adictos al alcohol o a las drogas, o incluso a tener otros problemas de comportamiento al crecer. Es más, ellos demostraron ser más exitosos en la vida.

Es Posible Experimentar Conflictos en Nuestros Impulsos Morales

¿Sabe qué tan lejos alguien puede llegar con tal de cumplir con la autoridad y las reglas, cuando se le pide lastimar a otros? En el año 1961, un estudio realizado por el psicólogo de Yale Stanley Milgram respondió a esta pregunta. Es posible que no le guste dicha respuesta, ya que el conflicto interno de dañar a otros contra su propia moral personal, y cualquier obligación que sienta al obedecer a la autoridad causa lo que se conoce como disonancia cognitiva. Esto será cubierto más adelante dentro de este libro.

En este estudio, Milgram buscaba obtener información acerca de por qué los criminales de guerra Nazis hicieron lo que hicieron durante el holocausto. Después de todo, ¿cómo alguien podía hacer algo tan malvado? ¿Eran individuos intrínsecamente malvados, o simplemente fueron víctimas de sus propias circunstancias?

Entonces, Milgram evaluó a dos participantes a la vez, a uno se le etiquetó como el "maestro", y al otro como el "alumno". A continuación, se le pidió al maestro que le hiciera algunas preguntas al alumno, y si este último respondía de manera incorrecta, entonces él o ella recibiría descargas eléctricas cada vez más fuertes; mientras más preguntas contestara de manera incorrecta, peores se volvían las descargas. El maestro estaba en una habitación diferente a la del alumno, por lo que no podía ver qué pasaba realmente. Sin embargo, el alumno no estaba realmente recibiendo descargas eléctricas, en cambio, Milgram solo reproducía grabaciones para simular gritos dolorosos. La prueba consistía en ver qué haría el maestro al ser forzado a hacer algo en contra de su voluntad. Los maestros solicitaron detener el experimento, pero los investigadores los animaron a continuar.

Los resultados llegaron, y mostraron que hasta el 65% de los maestros llegaron a administrar descargas de hasta 450V. Muchos de ellos estaban visiblemente incómodos y afectados.

¿Qué nos dice este experimento? Por un lado, muestra los peligros de obedecer ciegamente a figuras autoritarias. Sin embargo, algunos señalan que los resultados resaltan un profundo conflicto moral, no obediencia ciega.

Ya que los humanos son animales sociales, aprendemos a adaptarnos a otros humanos alrededor nuestro con tal de poder encajar. Esto significa que tenemos una tendencia natural a ser buenos hacia otras personas en nuestro grupo. Entonces, el conflicto moral ocurre por asociación. El maestro puede empatizar con el estudiante que recibe la descarga, pero estaba en el lado de los investigadores, por lo que sintió la necesidad de continuar administrando la electrocución a pesar de no sentirse cómodo con aquello.

Al final, no importa cómo uno interprete el resultado. El hecho es que algunos serían capaces de llegar tan lejos como para administrar una descarga de 450 voltios a otro ser humano, solo porque una persona en posición de autoridad les pidió hacerlo.

El Poder Puede Corrompernos Fácilmente

Tres cosas pueden crear a un tirano: riqueza, poder y fama. Algunas personas pueden repentinamente volverse malas cuando experimentan una de estas. A veces, incluso sus colegas súbitamente empiezan a actuar de manera elevada y arrogante tras ser promovidos a una posición más alta. Existe una razón psicológica detrás de este súbito cambio de comportamiento.

En el año 2003, un estudio fue publicado en una revista llamada *Psychological Review*. En dicho estudio, los participantes eran estudiantes, y estaban divididos en grupos de tres. A cada grupo se le pidió escribir juntos un breve artículo. Como esto se trataba de un esfuerzo en grupo, se necesitaba un líder de grupo, por lo tanto, uno de los tres tomó esa posición. Dos miembros de cada grupo tuvieron que escribir el artículo mientras que al tercero se le pidió juzgarlo y determinar cuánta remuneración debían recibir los escritores. Los investigadores no estudiaron mucho el efecto de la cantidad de dinero que cada escritor debía recibir. Esto se hizo solo para darle al tercer estudiante, designado como líder del grupo, el poder que corresponde al puesto.

Mientras los grupos se encontraban trabajando, un investigador ocasionalmente traía a la habitación un plato con cinco galletas. Observaciones posteriores mostraron que la última galleta casi nunca se comía, algo que sigue siendo común actualmente. Aparte de eso, determinaron que el jefe del grupo era casi siempre la persona que se comía la cuarta galleta, y a menudo lo hacía de manera desprolija.

Además, el jefe de cada grupo era más propenso a tocar a los demás, a veces de manera inapropiada, coquetear más directamente, tomar decisiones más riesgosas, y usualmente era la primera persona en hacer una oferta en las negociaciones, el primero en expresar sus opiniones, etc. Básicamente, cuando a los estudiantes se les otorgó más poder dentro del grupo, se volvían más abiertos, directos y osados.

Buscamos la Lealtad de Nuestros Grupos Sociales y Somos Fácilmente Atraídos por los Conflictos

Hemos tenido dos guerras mundiales e innumerables conflictos armados entre estados y entre grupos sociales más pequeños a lo largo de la historia de la humanidad. Incluso con tantas muertes, usted pensaría que habríamos tenido suficiente guerra durante toda la historia de la humanidad, ¿verdad? Realmente no. La única razón por la que aún no comienza la Tercera Guerra Mundial es por la Destrucción Mutua Asegurada (MAD), que es una doctrina que disuade a los países con capacidad nuclear de simplemente bombardearse entre ellos. Pero no hablaré aquí acerca de MAD. Lo que quiero explorar es la razón por la cual nos vemos involucrados en conflictos de manera tan frecuente, para luego volvernos amigos prontamente, como si nada hubiera pasado. Un experimento de psicología social de los años 1950 puede dar una respuesta a esta inquietud.

En este estudio, niños voluntarios de 11 años de edad fueron divididos en dos grupos. Uno era llamado los Eagles, y el otro fue llamado los Rattlers. Ellos fueron llevados al Parque Estatal Robbers Cave en Oklahoma, y a los niños se les dijo que irían a un campamento de verano. Los grupos no estaban al tanto que el otro existía, y cada uno pasó la semana en un lugar diferente del campamento, participando en actividades divertidas y formando lazos dentro de los respectivos grupos.

Luego, comenzó la segunda fase, y los grupos fueron reunidos. Los dos grupos tenían ciertas diferencias, y no pasó mucho tiempo antes de que comenzaran los conflictos. Primero, comenzaron los insultos, y luego, los investigadores introdujeron juegos competitivos que enfrentaban a ambos grupos entre sí, lo que llevó a más conflictos. De hecho, todo se puso tan mal que los dos grupos llegaron al punto en que no comían juntos. Pero este no fue el final de la historia.

¿Qué aprendemos de esto? Diferentes grupos sociales son más propensos a cooperar entre sí cuando comparten un problema común.

Necesitamos Solo Una Cosa Para Ser Felices

Escuchamos esto todo el tiempo. De hecho, es posible que hayamos dicho esto a nosotros mismos en algún punto en nuestras vidas "Oh, si tan solo tuviera 'X', entonces sería feliz para siempre". En realidad, siempre queremos más y más. Estoy hablando de cosas materiales, fama, y poder. Ellas nunca podrán hacernos felices. Existe solo una cosa que puede entregarnos felicidad, y fue el gran estudio en la Universidad de Harvard el que nos mostró qué era eso. ¡Un estudio que duró 75 años!

En este estudio, los investigadores reclutaron a 268 sujetos masculinos de Harvard quienes eran estudiantes de pregrado. Los individuos serían seguidos y observados por los siguientes 75 años, con datos de diferentes partes de sus vidas siendo recolectados en intervalos regulares.

Al final del estudio, los investigadores determinaron que al final del día, lo único que importa es el amor. Eso no significa que el poder, dinero o fama no valen nada; efectivamente valen algo, pero usted no los necesita para vivir. La única clave para la felicidad a largo plazo es el amor.

George Vaillant fue el director de este estudio, y dijo que el amor tiene dos pilares primarios: la felicidad sólo viene cuando puede encontrar el amor, y cuando vive su vida en una manera que permite que el amor ingrese. Esto explica en gran medida por qué algunas personas antisociales o aquellas que eligen vivir una vida aislada son generalmente infelices. Ellos no se permiten a sí mismos interactuar con otros, y eso significa que no permiten que el amor pueda encontrar el camino hacia sus vidas.

Algo sorprendente de este estudio fue uno de estos 268 individuos. Él fue considerado por los científicos como el peor de todos ellos.

Tenía el índice de estabilidad futura más bajo. De hecho, lo tenía tan bajo que incluso contempló suicidarse. Pero eventualmente logró superar sus problemas y se volvió una de las personas más felices entre todos estos sujetos. ¿Cómo se recuperó? Fue el amor. Él pasó su vida buscando el amor.

El Estatus Social y la Fuerte Autoestima Nos Ayudan a Prosperar

No hay duda de que el éxito y la fama pueden dar un gran impulso a nuestros egos; es obvio, pero hay más que eso. Existe una corriente de pensamiento que señala que la autoestima otorga longevidad; al menos, eso es lo que afirma el estudio de los ganadores del Óscar.

Los investigadores estudiaron a directores y actores que ganaron los Premios de la Academia, y durante el proceso, descubrieron que vivían, en promedio, cuatro años más que aquellos quienes fueron nominados, pero no ganaron.

Esto en realidad no nos dice mucho; después de todo, es posible que los ganadores hayan tenido un estilo de vida más saludable, o pudo haber sido nada más que suerte de tontos. Sin embargo, esto sí proporciona cierta correlación con esta teoría, a pesar de que aún no sabemos si tener la suerte de ganar un Premio de la Academia puede agregar cuatro años más a su vida ¡No renuncie a su trabajo cotidiano todavía!

Lo que sí aprendimos fue que los factores sociales tienen un rol que jugar en la longevidad. La autoestima definitivamente ayuda a mejorar la salud, y a pesar de que esto puede sonar como mera pseudociencia, sí pareciera tener sentido. Al final, todo se reduce a esto: mientras mayor felicidad sintamos, más largas serán nuestras vidas, y, como ya sabemos, la clave para la felicidad es el amor.

Intentamos Justificar Cada Experiencia para que Tenga Sentido

Esto forma parte de algo que analizaremos más a fondo en la parte 2: disonancia cognitiva. Pero es algo que cualquier estudiante de primer año de psicología debería conocer. Todos los humanos naturalmente intentarán evitar cualquier conflicto psicológico entre sus acciones y sus pensamientos o creencias, y para ello, examinaremos un estudio que los psicólogos Leon Festinger y Merrill Carlsmith hicieron en 1959.

Se les pidió a los sujetos de estudio ejecutar una serie de tareas. Estas eran tareas aburridas, y se les pidió hacerlas durante alrededor de una hora. A cada sujeto se le daría $1 o $20 para decir que las tareas eran interesantes cuando claramente no lo eran. Festinger descubrió que aquellos que recibieron $1 disfrutaron más estas tareas aburridas que quienes recibieron la cantidad más alta. Usted pensaría que esto sería al revés, entonces, ¿por qué no fue así?

Resultó que los sujetos a quienes se les pagó $20 sintieron que el dinero era suficiente justificación para hacer esas tareas, y, por lo tanto, podían ser más objetivos. Los sujetos que recibieron solo $1 no tenían suficiente motivo para ser objetivos. La disonancia cognitiva necesitaba reducirse, entonces los sujetos tuvieron que encontrar una forma de justificar su comportamiento; lo hicieron afirmando que era divertido hacer las tareas.

Todo se reduce a esto: nos decimos mentiras para que las cosas parezcan más lógicas de lo que realmente son.

Nos Resulta Fácil Aceptar un Estereotipo

Todos estereotipamos hasta cierto punto, por mucho que intentemos evitarlo, y puede resultar en sacar conclusiones injustas respecto a las personas, grupos étnicos, clases o incluso poblaciones enteras, lo que es potencialmente muy dañino. A modo de ejemplo, examinaremos un estudio hecho por John Bargh, un psicólogo de NYU.

Él realizó experimentos de comportamiento social y qué tan automático es, suponiendo que, muy a menudo, juzgamos a otras personas basándonos solamente en estereotipos, aunque usualmente lo hagamos de manera inconsciente. La mayoría de las veces, no hacemos nada para evitarlo.

Los humanos también tienden a aceptar estereotipos sociales, particularmente sobre grupos con los cuales no se involucran o que no son parte. Bargh entregó a un grupo de participantes de su estudio algunas palabras relacionadas con la vejez, como "arrugado" e "indefenso", pidiéndoles descifrarlas. A otro grupo se le dio otra lista de palabras, no relacionadas con la edad. De los dos grupos, el que trabajó con las palabras relacionadas con la edad caminaba mucho más lento después de la prueba que el otro grupo. Él llevó el experimento un paso más allá, aun usando dos grupos de personas, con palabras relacionadas con la amabilidad y la raza. Sus hallazgos concluyeron que inconscientemente aplicamos estereotipos.

Según Bargh, los estereotipos son simplemente categorías que han sido llevadas demasiado lejos. Él también dijo que, con los estereotipos, tendemos a asimilar las cualidades de ese estereotipo, como la edad, género, color de piel, etc., y nuestras mentes automáticamente responderán con etiquetas, como hostil, débil, fuerte, amistoso, etc. Estas etiquetas, de ninguna forma, se reflejan en la realidad, siendo tan solo una respuesta inconsciente, basada en lo que creemos que sabemos.

Cerebro vs. Mente: Conozca la Diferencia

Si no tiene un título en neurobiología, se le perdona pensar que el cerebro y la mente son lo mismo. Usamos los dos términos de manera indistinta, y en la mayoría de los contextos, esto está bien. Pero cuando uno pretende estudiar el complejo sistema de la mente humana, se necesita hacer una distinción entre la mente y el cerebro.

Aquí hay un ejemplo. Cuando usted se golpea el dedo del pie ¿qué dice? Lo más probable es que diga, "me golpeé mi dedo del pie, y me duele como los mil demonios", y no "los receptores en el dedo de mi pie se activaron, y enviaron una señal que viaja por mi pierna, por mi columna, hasta mi cerebro para hacerle saber que mi dedo del pie tuvo una colisión con un objeto extraño".

La primera respuesta es la mente hablando, mientras que el cerebro es quien habla para la segunda respuesta.

Dicho de manera simple, la mente es sinónimo con nuestros pensamientos, sentimientos, memorias y creencias. La mente es la fuente de nuestros comportamientos. No tiene forma, pero es muy poderosa. En cambio, el cerebro es físico y es la fuente de la mente.

Cuando usted experimenta una emoción o tiene un pensamiento, el cerebro activa ciertas neuronas, y la mente interpreta esas señales para formular esos pensamientos o emociones.

Pero esa distinción aún es causa de debate hoy en día. Si bien los neurocientíficos no tienen problema en discutir sobre la mente en conversaciones casuales, muchos insisten que la mente no es real o distinta del cerebro. La idea de que la mente es una entidad independiente del cerebro es inaceptable. En cambio, los civiles aceptan la distinción, ya que el entrenamiento mental, como el mindfulness o la meditación, ha demostrado tener efectos positivos en el cerebro.

No obstante, el debate aún continúa hoy en día, y el resultado tendrá importantes consecuencias.

Por ahora, puede creer que la "mente" no existe, y cualquier cosa que sienta o piense es solo un grupo de neuronas activándose en su cerebro. Alternativamente, usted puede pensar en el cerebro como una computadora: el hardware; mientras que la mente es el software: el software/sistema; donde ambos funcionan en conjunto.

Heurística: Cómo Tomamos Decisiones

La heurística no es más que un atajo mental, que potencialmente nos ahorra muchas horas al hacer decisiones simples. La heurística nos permite tomar decisiones rápidas, lo cual es práctico, aunque no garantiza que esta sea la decisión óptima, perfecta o incluso racional. Al menos puede permitirnos alcanzar una meta a corto plazo.

La heurística es habitualmente usada al encontrar la mejor solución a un problema que no es práctico o definitivamente imposible. Nos ayuda a acelerar el proceso y quita parte de la carga de la toma de decisiones. La heurística es normalmente usada en las siguientes situaciones:

• **Heurística de Consistencia:** cuando se responde a situaciones en maneras consistentes.

• **Una Conjetura:** cuando se llega a una conclusión, incluso sin información o investigación suficiente. Una persona considera lo aprendido en el pasado y lo relaciona a una situación actual, aplicando lo que creen que conocen, a pesar de que esto podría no ser correcto.

• **Heurística de lo Absurdo**: un enfoque absurdo a cualquier situación, cuando se hace una afirmación poco probable, y no basada en el sentido común.

• **Sentido Común**: se aplica a problemas o situaciones basadas en la observación: un enfoque práctico que permite tomar una decisión rápida cuando las respuestas correctas e incorrectas están claras.

• **Heurística de Contagio**: cuando una persona evita algo que cree que no es bueno. Un ejemplo es si un producto que él o ella compró es retirado del mercado por un defecto; las personas podrían optar por nunca volver a comprar un producto de esa compañía, para evitar que el mismo problema surja en el futuro.

• **Heurística de Disponibilidad**: cuando una situación es juzgada basándose en situaciones anteriores similares a ella, donde una persona puede aplicar sus experiencias previas a la situación actual.

• **Trabajar al Revés**: un método para encontrar una solución a un problema entendiendo cuál es la solución deseada, para luego trabajar en sentido inverso para determinar cómo llegar a dicha solución. Un ejemplo sería un luego de laberinto: usted sabe que debe llegar al centro, solo debe averiguar cómo hacerlo, y la manera más fácil es trabajar al revés desde el centro.

• **Heurística de Familiaridad**: cuando alguien aborda un problema de la misma manera en que ha abordado problemas similares en el pasado, para alcanzar un resultado predecible y similar.

• **Heurística de Escasez**: cuando queremos algo porque es escaso, lo que sugiere que le damos un valor mayor a la escasez o la rareza.

• **Regla General**: un enfoque simple, pero amplio para resolver problemas, mediante el cual tomamos una decisión aproximada o sacamos una conclusión aproximada, con poca necesidad para investigar.

• **Heurística de Afección**: cuando se usa una impresión rápida para basar una solución o decisión. A menudo esta es una heurística útil, especialmente en una situación de vida o muerte; podemos tomar una decisión inmediata sin necesidad de investigar, pero, si se aplica a la situación equivocada, esta heurística puede causar daño.

• **Heurística de Autoridad:** cuando una persona cree que la opinión de otro es cierta solo porque este último es una figura de autoridad. Tendemos a ver esto aplicado mayoritariamente en política, ciencia y educación.

Cabe destacar que la dependencia excesiva de la heurística puede conducir a falacias y sesgos, lo que cubriré en la próxima sección.

Parte 2: Sesgos Cognitivos

¿Qué Son los Sesgos Cognitivos?

Vamos a explorar varios sesgos, conscientes e inconscientes, en muchos contextos como el lugar de trabajo, la familia, y la sociedad en general. Aquí es donde las cosas se ponen interesantes. Entender y reconocer que usted tiene sesgos es el primer paso para volverse menos sesgados. Piense en los sesgos cognitivos como fallas en nuestros sistemas de pensamiento. Tendemos a pensar de una manera lógica y objetiva. Los sesgos cognitivos son los patrones que nos desvían de esa norma o racionalidad. La mayoría de estos sesgos pueden ser reproducidos, y por lo tanto confirmados, mediante investigaciones, pero a menudo existen controversias acerca de cómo uno debe clasificarlos o explicarlos.

Si bien los sesgos vienen en muchas formas, podemos categorizarlos en dos grandes grupos conocidos como sesgos "fríos" o "cognitivos", y sesgos "calientes" o "motivacionales". El primero de ellos se relaciona con la información, como el descuido de la probabilidad, sesgo de distinción o el afianzamiento. Es simplemente un error de cálculo. El último está más impulsado por las emociones, como las ilusiones. Lo que es más importante de notar es que tanto los sesgos calientes como los fríos pueden estar presentes al mismo tiempo.

Existen muchas controversias respecto a la interpretación de los sesgos. Esto lo mostraré más adelante porque algunos creen que no son irracionales; o que pueden conducir a actitudes o comportamientos útiles. Por ejemplo, veamos las preguntas tendenciosas. Al conocer a los demás, usualmente las personas hacen preguntas tendenciosas, las que parecen estar sesgadas hacia las confirmaciones sobre las suposiciones de dicha persona. Muchos argumentan que este tipo de confirmación es simplemente una manera de establecer una conexión con la otra persona, por lo que es simplemente una habilidad social, lo cual no es malo de ninguna manera.

Por supuesto, cuando uno discute los sesgos cognitivos, no es posible ignorar la importancia de la heurística. Dicho de manera simple, una heurística es un atajo mental que nos permite tomar decisiones rápidas y eficientes. La heurística nos ayuda a acortar el tiempo de toma de decisiones, y nos permite ir día a día sin tener que detenernos a pensar qué haremos a continuación.

Las heurísticas rápidas y eficientes también nos pueden llevar a sesgos cognitivos. Después de todo, el hecho de que algo funcione una vez no significa que funcionará siempre. El mejor ejemplo son las bromas o las mentiras. Las dice una vez, y pueden funcionar, pero no funcionarán la segunda vez. Por lo tanto, si confía demasiado en la heurística, usted podría no ver otras alternativas que podrían ser mejores opciones. La heurística también puede introducir estereotipos y prejuicios porque usamos atajos mentales para clasificar y categorizar personas, ignorando los detalles más pequeños. Tendemos a terminar generalizando.

¿Qué Son las Falacias Lógicas?

Una falacia lógica es un defecto en los argumentos lógicos de uno que socava su validez. Algunas falacias lógicas parecen sólidas, pero siguen siendo falacias, y es mejor estar atento a estas sutiles variantes.

Nuevamente, debido a la variedad de estructuras y aplicaciones, es difícil clasificar a las falacias en una manera que satisfaga a todos los profesionales. Uno puede clasificarlas de acuerdo a su estructura o contenido, divididas en subcategorías, procesos, etc. A continuación, se muestran algunas de las falacias más comunes:

1. Falacia del Hombre de Paja: Esta es una de las tácticas más comunes que la gente emplea para ganar debates. Básicamente, ellas simplifican, o deliberadamente tergiversan o enmarcan sus argumentos en una forma que les hace más fácil atacarlos. Pero esto no significa que ellas realmente abordan su real argumento. Ellas simplemente crean un blanco más fácil, un "hombre de paja", que con suerte convencerá a otras personas que esto representa adecuadamente su argumento. La mejor manera de saber si alguien está usando este enfoque es cuando comienza diciendo, "Entonces usted dice". La mejor estrategia es no responder al ataque al hombre de paja y reiterar lo que usted estaba diciendo.

2. Falacia de Causa Popular: Basar la validez y solidez del argumento de uno en la popularidad, o una representación de esta popularidad (cuatro de cada cinco personas recomiendan "X", etc.). Esto se debe a que el argumento no considera si la población que lo valida está calificada para hacerlo.

3. Falacia de Apelación a la Autoridad: Si bien apelar a la autoridad puede ser un argumento sólido en muchos casos, depender demasiado de ella puede ser peligroso, especialmente si la fuente de la autoridad intenta validar algo que está fuera de su experiencia. El caso más simple de esto sería decir que el jefe del departamento de informática no puede validar un argumento relacionado al departamento de finanzas.

4. Falacia del Falso Dilema: Cuando alguien presenta engañosamente un tema complejo y ofrece dos soluciones mutuamente excluyentes. Es "A" o "B" sin haber punto intermedio. Las dos opciones a menudo se encuentran en los extremos opuestos del espectro, lo que ignora todas las posibilidades intermedias que permiten compromisos.

5. Falacia de Generalización Apresurada: Se obtiene una conclusión a partir de una muestra muy pequeña. Solo porque dos personas dentro de una compañía entera reportan que la meditación eleva la productividad, no significa que toda la empresa debe imponer sesiones obligatorias de meditación.

6. Falacia de Inducción Perezosa: Esto es lo opuesto a la falacia anterior. Básicamente, incluso con suficiente evidencia que represente a toda la población, uno no reconoce la validez y solidez del argumento.

7. Falacia de Correlación/Causalidad: La correlación o causalidad ocurre cuando dos o más cosas ocurren en una situación determinada, y un evento tiene un impacto sobre el otro. Por ejemplo, los días calurosos y soleados causan quemaduras solares y aumentan el consumo de helado. La causa es el día soleado, y el consumo de helado y las quemaduras solares ocurren por esto. Sin embargo, uno cae en la falacia de correlación/causalidad cuando de manera incorrecta afirman que el helado causa quemaduras solares.

8. Falacia de Evidencia Anecdótica: Argumentar a partir de la experiencia propia en lugar de la evidencia lógica, y, por lo tanto, tomando un posible ejemplo aislado como prueba, e ignorando la abrumadora evidencia de lo contrario. Esta falacia se ve a menudo en casos contra la vacunación.

9. Falacia del Tirador de Texas: Esta proviene de un tejano quien disparó a la pared de su granero, y luego pintó un gran objetivo alrededor del grupo de agujeros de bala más cercano. Luego dijo que esto era prueba de su puntería. Básicamente, la persona selecciona datos para respaldar su propio argumento, ignorando una enorme cantidad de pruebas que respaldan lo contrario.

10. Falacia de Carga de la Prueba: La responsabilidad de probar siempre recaerá en aquellos que hacen una afirmación. Si alguien afirma que algo es cierto, entonces debe probarlo. Si no se presenta evidencia en su contra, eso no significa que sea cierto.

20 Sesgos Cognitivos

Adicionalmente a las falacias lógicas que mencionamos anteriormente, a continuación, se muestran 20 sesgos cognitivos comunes que pueden interferir con su toma de decisiones

1. Heurística de Disponibilidad: Básicamente, vemos a los grandes aterradores eventos como más serios que los más comunes. Por ejemplo, muchas personas ven a los accidentes aéreos como algo muy aterrador, pero no toman en consideración que más personas mueren en accidentes de autos que en catástrofes aéreas. Es verdad que un accidente aéreo puede llevarse consigo 300 personas, pero accidentes automovilísticos mortales o graves ocurren con mucha mayor frecuencia.

2. Efectos de Halo: Porque nuestros cerebros aman la consistencia, creemos que cuando vemos una cualidad en una persona, creemos que el resto debe ser igual de coherente. Buscar contradicciones en una persona es agotador, por lo tanto, usamos esta heurística, que resulta ser un sesgo. El mejor ejemplo es este: "la primera impresión dura toda la vida". Básicamente, cuando usted va a una entrevista e inmediatamente causa una primera impresión positiva, el entrevistador lo tomará más en serio y lo verá de buena manera, lo que aumenta sus posibilidades de obtener ese trabajo, incluso si tiene algunos defectos en estas áreas. Su positiva primera impresión emite un halo nebuloso de positividad sobre el resto de la información.

3. Costo Hundido: Para resumir esto, es un exceso de compromiso. Esta es la creencia de que una vez que hemos invertido suficiente tiempo y recursos en algo, es menos probable que lo abandonemos, incluso si el proyecto en cuestión fracasa. En lugar de reducir nuestras pérdidas y retirarnos anticipadamente, este sesgo nos lleva a seguir intentando, aunque ya esté condenado, lo que resulta en la pérdida de más tiempo y recursos.

4. Sesgo de Supervivencia: A todos nos gustan las historias de éxito. Conocemos muchas figuras que decidieron abandonar la universidad y comenzar su propia empresa tecnológica, las que se convirtieron en corporaciones multimillonarias. Muchos sabemos que esta es una jugada muy arriesgada, pero estas historias nos dicen que es posible, y el retorno de la inversión es enorme, entonces nos cegamos frente a las probabilidades reales. En este caso, vemos a Mark Zuckerberg, Bill Gates y Steve Jobs teniendo éxito como desertores, pero no consideramos el sinnúmero de otros desertores que están luchando día a día. Por supuesto, usted posiblemente podría volverse rico como un emprendedor, pero las probabilidades son muy, muy bajas.

5. Sesgo de Acción: La tendencia de escoger la acción sobre la inacción frente a la ambigüedad, a pesar de que tomar acción sea contraproducente. Este sesgo se puede presentar cuando las personas deben tomar decisiones bajo presión, como en un ambiente competitivo.

6. Sesgo de Enmarcado: Esto ocurre cuando alguien es influenciado por cómo se presenta la información, pero no por la información misma. Por ejemplo, uno podría mostrar una crisis económica entre los años 2009 y 2011, a pesar de que la economía comenzó a mejorar tras la crisis financiera global.

7. Tergiversación Estratégica: Este sesgo ocurre cuando alguien es muy optimista y subestima el costo o el riesgo de sus decisiones. A menudo esto ocurre cuando alguien es apasionado acerca de sus ideas innovadoras, y quiere presentarlas y ponerlas en acción lo antes posible, sin realizar una investigación suficiente para probar su viabilidad. Es eso o la persona entiende completamente los riesgos asociados con sus ideas, pero ya ha decidido seguir adelante con ellas de todos modos, porque "sabe que funcionará".

8. Sesgo de Ambigüedad: Este es similar al sesgo de acción. Básicamente, cuando una persona se enfrenta a una falta de información, su opción predeterminada sería seguir con lo que ya conoce. A menudo esto es una buena medida, especialmente cuando los riesgos superan a los beneficios, pero esto también puede inhibir las innovaciones, ya que estas por naturaleza son desconocidas y riesgosas.

9. Sesgos Pro-Innovación: Esto ocurre cuando existe una creencia que algo nuevo e innovador debe ser adoptado por literalmente todos en el equipo, empresa, grupo social, o poblaciones enteras. El problema aquí es que, debido a que todas las personas son inherentemente diferentes, nunca es una buena idea forzar en ellas un concepto nuevo y en gran medida no probado. Pero este sesgo hace que la innovación se vea como algo deseable e intrínsecamente bueno, por lo tanto, todos los potenciales efectos negativos desaparecen en la oscuridad. Aquellos con este sesgo pueden no ver problemas como el sexismo, el elitismo y la desigualdad que podrían surgir como producto de sus ideas innovadoras.

10. Sesgo del Status-Quo: También conocido como el "miedo al cambio", las personas con este sesgo tienden a favorecer la situación actual y no hacen nada respecto a sus circunstancias; simplemente, tienen miedo de perder algo, aunque a veces lo único que perderían son sus cadenas. Este sesgo puede atrapar a las personas en una situación perjudicial por el resto de sus vidas, a menos que vean los errores en sus modos y trabajen para salir de allí. Este sesgo es especialmente sutil porque se alinea con el hecho de que a nuestro cerebro le encanta la coherencia. La mejor manera de detectar este sesgo es cuando alguien se niega a hacer algo simplemente porque "no es la forma en que hacemos las cosas aquí", en lugar de ofrecer una razón válida.

11. Sesgo de la Característica Positiva: Este sesgo es similar al sesgo de tergiversación estratégicas. Las personas con este sesgo tienden a considerar lo que pueden ganar con una opción, en lugar de considerar lo que podrían perder con ella. Esto puede ocurrir debido a la limitación de tiempo y recursos que les impide pensar objetivamente, por lo que desarrollan una tendencia a esperar lo mejor.

12. Sesgo de Afinidad: La tendencia de favorecer a personas que son como nosotros. Los pájaros del mismo plumaje vuelan juntos después de todo.

13. Sesgo de Creencia: La tendencia a creer que el argumento de uno es lógico y sólido, no por la evidencia en la cual se apoya, sino por confiar en las propias creencias sobre la verdad de la conclusión.

14. Brecha de Empatía: La tendencia a subestimar cómo las emociones desempeñan un rol en todos los aspectos de la vida, ya sea en uno mismo o en los demás.

15. Efecto Difícil-Fácil: La tendencia de ver la habilidad propia como adecuada cuando uno debe realizar tareas difíciles, e inadecuada cuando tiene que realizar tareas fáciles.

16. Ilusión de Control: La tendencia de sobreestimar el control propio sobre eventos externos.

17. Falacia de la Mano Caliente: La tendencia de sobreestimar la probabilidad de éxito es más alta simplemente porque esa persona o grupo ha tenido éxito (por suerte en lugar de por juicio) en el pasado. Si usted ha estudiado probabilidad, la posibilidad de lanzar una moneda y obtener cinco caras de forma consecutiva es sustancialmente menor que de obtener tres caras seguidas.

18. Sesgo de Autoservicio: Similar al sesgo de confirmación, del cual hablaré más adelante, porque es la tendencia a evaluar información ambigua en una manera que beneficia los intereses de una persona. También es una tendencia a asumir más responsabilidad en los éxitos que en los fracasos.

19. Sesgo de Retrospectiva: También conocido como el efecto "lo supe todo el tiempo", es la tendencia a ver eventos pasados como predecibles. Si bien este sesgo no se manifiesta durante el proceso de toma de decisiones, y por lo tanto es inofensivo en ese momento, evita que las personas reconozcan su error, aprendan de él, y por lo tanto evitar problemas similares en el futuro.

20. Sesgo de Confirmación: Caracterizado como la tendencia a buscar o interpretar información de tal manera que apoya nuestros propios argumentos o puntos de vista, al mismo tiempo que se desacreditan otras evidencias que apoyan lo contrario. Este sesgo está relacionado con la disonancia cognitiva, de la que hablaremos en el siguiente capítulo.

Sesgos Inconscientes: Están en Todo Su Alrededor

Para demostrar que los sesgos inconscientes existen, hagamos una prueba rápida. Vaya a Google y escriba: CEO. Revise los primeros resultados. La mayoría de las veces verá que hay más imágenes de hombres en traje que de mujeres. Ahora bien, es posible que no vea qué sucede, y lo perdono por ello. Es por esto que estas cosas se llaman "sesgos inconscientes". Muchas personas no se percatan de estas pequeñas cosas en la vida, aunque son igualmente peligrosas para nuestra cognición. El hecho que haya señalado esto podría hacerme parecer quisquilloso, pero escúcheme. Lo que usted ve es sexismo en su forma más sutil. Pequeñas cosas como imágenes pueden reforzar ciertos estereotipos y demostrar el sexismo inherente a nuestra sociedad. Estas pequeñas cosas son conocidas como sesgos "inconscientes" o "implícitos". Muchas personas ni siquiera notarían estas cosas sutiles a menos que nosotros mismos seamos los discriminados, o si las imágenes no nos representan. Estos sesgos y estereotipos ocultos impactan cosas pequeñas como diseños o imágenes. A pesar de ser pequeños, igualmente refuerzan los sesgos, y, por lo tanto, son igualmente peligrosos.

Los sesgos inconscientes (también conocidos como sesgos implícitos) obtuvieron su nombre recién en 2006. Todo comenzó como un estudio en la mente inconsciente. Específicamente, los procesos mentales inconscientes que conducían a diversos problemas como la discriminación en instituciones gubernamentales y en el sistema de justicia. Este campo de estudio no acepta lo que una vez fue una arraigada creencia de que nuestros comportamientos solo son influenciados por factores externos o explícitos, como pensamientos o creencias conscientes.

Usted puede encontrar ejemplos de sesgos inconscientes en todos lados. El vecindario en el que vive, las personas con las que pasa el tiempo, y aquellos que ama. Es inevitable, todos los tienen en diferentes grados. Investigaciones en neurociencia ahora nos muestran que los sesgos surgen a medida que crecemos, lo que significa que comenzamos a desarrollar sesgos desde la niñez. Para empeorar las cosas, estos sesgos son formados y arraigados en el nivel subconsciente, y a menudo son reforzados por el condicionamiento social y parental.

Ya que recolectamos una infinidad de información, y nuestro cerebro necesita procesar todos esos datos, este inconscientemente comienza a desarrollar formas para categorizar y formatear la información en patrones familiares, para así poder procesar todos los datos de manera efectiva. Estos patrones familiares son, por supuesto, los sesgos inconscientes. No importa cuánto tratemos de evitarlo, lo hacemos todo el tiempo. Cosas como género, etnia, discapacidad, sexualidad, tamaño del cuerpo, profesiones, etc., todo influencia nuestra impresión inicial sobre otra persona, y esto forma la base de nuestra relación con ellos.

Como se mencionó anteriormente, los sesgos inconscientes pueden ser encontrados en muchos lugares. A continuación, se muestran tres lugares principales para estar al tanto de sus sesgos y de qué manera puede enfrentarlos.

En el Lugar de Trabajo

Los sesgos en el lugar de trabajo son muy comunes, especialmente si la compañía no es muy inclusiva. Aquí se muestran algunas cosas que puede hacer para combatir los sesgos en el lugar de trabajo:

Deténgase Antes de Hablar

La expresión "gire la lengua siete veces antes de hablar" aplica aquí. No porque deba soltar la lengua para hablar de forma adecuada, sino para poder darse el tiempo de pensar de qué va a decir realmente. Esto es una cura para el llamado "síndrome del pie en la boca".

Muchas personas cometen el error de decir lo que piensan sin seleccionar sus palabras cuidadosamente. Aquí es cuando emergen los sesgos inconscientes, porque el cerebro usa el mismo sistema lleno de prejuicios para articular nuestros pensamientos. A menos que conscientemente seleccione sus palabras, lo que sea que salga de su boca podría sonar prejuicioso o discriminatorio.

Había una periodista cuyo nombre no mencionaré, aunque usted posiblemente ya la conozca. Pensó en algo que para ella parecía una broma divertida, y luego lo tuiteó, diciendo algo así como "Me voy a África. Tengo miedo de contraer el SIDA. Oh, espera, soy blanca". Para ella, esto era una broma inocente, pero terminó arruinando su carrera completa, y todos la destrozaron en internet.

Entonces, antes de hablar, y con mayor razón antes de hacer una broma, deténgase y piense cómo los demás interpretarán sus palabras. Con frecuencia, las personas las interpretarán de la forma más negativa posible (en parte gracias a sus propios sesgos).

La regla general aquí es: "En caso de duda, simplemente no lo haga".

Validar las Experiencias de Otros

Todos tienen pasados diferentes, por lo que tendrán sus propios conjuntos de creencias, valores, comportamientos y experiencias. Acepte el hecho que está bien ser diferente. Realmente no importa si de todos modos todos trabajan juntos para lograr un objetivo común. Respete las diferencias. De hecho, tener un grupo diverso de personas en el equipo puede ser útil, porque algunos de ellos podrían tener ideas únicas que pueden resolver el problema en cuestión.

Deténgase a Escuchar

Pregúntese: ¿qué tan frecuente hace una pregunta para la cual cree que ya conoce la respuesta? Lo más probable es que la respuesta sea muy a menudo, y si es así, usted es un abogado, muy inteligente, o tiene prejuicios inconscientes. Nuevamente, esto es algo que la gente hace todo el tiempo. Aquí hay otra pregunta: ¿con qué frecuencia pide sugerencias a otras personas, aunque ya haya tomado una decisión?

Esto es bastante común en el lugar de trabajo. En el mundo corporativo, la eficiencia es muy valorada, ya que mantiene la producción alta y los costos bajos. Desafortunadamente, las decisiones rápidas a menudo no son recomendadas.

Entonces, la próxima vez que haga una pregunta, escuche lo que los demás tienen que decir. Haga preguntas de seguimiento si es necesario. Podría aprender algunas cosas de otras personas.

Conéctese con Personas Diferentes a Usted

Adquiera el hábito de buscar ideas de otras personas antes de expresar las suyas, especialmente si ellas tienen una perspectiva diferente a la suya. Es posible que quiera ampliar el círculo de amigos con quienes pasa el tiempo de ser posible, porque si ha estado saliendo con las mismas personas por un largo tiempo, ya no aprenderá mucho más de ellos.

Usted quiere tener un círculo de amigos de diferentes orígenes. Siempre que haya una discusión, permita y anime a otras personas a expresar sus opiniones primero, porque puede que tengan algo bueno que decir. Esté atento a las personas que no suelen hablar mucho durante las reuniones. Le recomiendo buscar consejos y opiniones de ellos. Podría sorprenderse al escuchar lo que tienen que decir.

Demuestre Su Apoyo

Debe respaldar sus creencias con acciones. Si es un defensor de la igualdad y la diversidad, entonces quiere apoyar a aquellos que son discriminados. Si ve a alguien siendo acosado en el lugar de trabajo, defiéndalo, y no tema reprender a la otra persona por su inaceptable comportamiento, Pero, asegúrese de ser amable cuando les diga sobre aquello. Con frecuencia, esa persona puede no saber que está siendo discriminadora. Deles el beneficio de la duda. Solo asegúrese de hacerles saber que su comportamiento es inaceptable.

En Casa/en la Familia

Vivimos en una sociedad en constante cambio, por lo tanto, los niños deben aprender a afrontarla. Lo más importante actualmente es la diversidad, y los niños deben aprender a vivir con personas que son inherentemente diferentes a ellos.

Ya que los factores externos pueden influenciar fácilmente a los niños, usted y otros alrededor de ellos tienen la responsabilidad de enseñarles todo lo que necesitan, y eso incluye cómo no ser sesgados. El único problema aquí es que los niños interactuarán con personas que también son sesgadas, y pueden pasar sus falsas creencias a los niños.

Entonces, a la luz de todo esto, ¿qué podemos hacer para ayudar a los niños a superar los sesgos? La mejor forma que conocemos por ahora es hablándoles del asunto, y ayudándoles a entender la situación haciéndoles empatizar con la víctima. Evitar "la conversación" causará muchos problemas más adelante porque, nuevamente, los niños buscan señales no verbales que a menudo mostramos inconscientemente. Al dejar esto claro con ellos, será mucho menos probable que desarrollen sesgos.

En la Sociedad

En la sociedad en su conjunto los sesgos están en todos lados, especialmente el sexismo, tanto implícito como explícito. Tomemos la política, por ejemplo. En 2008 tanto Sarah Palin como Hillary

Clinton fueron víctimas de misoginia cuando compitieron por la vicepresidencia y la presidencia respectivamente. Ambas fueron objeto de varios comentarios viciosos, y la mayoría de estos roces no tenían nada que ver con sus campañas. Esto plantea la pregunta, ¿habrían sido tratadas de manera diferente si hubieran sido hombres?

El sesgo de género también es prevalente en los medios. Muchas mujeres afirman que no son reflejadas con precisión en los medios; como en la televisión, cine, anuncios, noticiarios, etc. A pesar de que la situación está mejorando, esto no está ocurriendo tan rápido como debería, y esto se debe probablemente a que solo un pequeño porcentaje de quienes toman decisiones en los medios, aquellos con suficiente poder para aprobar qué contenido es publicado, son mujeres. Actualmente, algunos medios de comunicación tradicionales están mejorando las formas en que manejan los sesgos, aunque algunos dicen que no es suficiente, y hay una serie de medios especializados que hacen un mejor trabajo.

Pero tampoco son solo los medios de comunicación. También existen problemas con otros tipos de programación, como el cine comercial, que tiene una falta de diversidad en sus personajes e historias, y tiene un número considerablemente bajo de mujeres con líneas habladas en muchos casos.

Afortunadamente, los problemas de las mujeres están en el frente del diálogo cultural, al menos en los Estados Unidos. Hemos logrado un gran progreso en las últimas décadas, a medida que los defensores continuaron sus esfuerzos para hacer campaña en contra de estos antiguos sesgos. Si la gente deja de hablar, estos problemas persistirán.

Derrotando Sus Propios Sesgos

Si quiere ser menos sesgado y un poco menos prejuicioso, entonces hay buenas noticias y malas noticias. La mala noticia es que somos sesgados por naturaleza, porque la única manera en que podemos darle sentido al mundo es mediante la generalización, y poniendo las cosas y las personas en categorías mentales que nuestras mentes crean por sí mismas. Estas categorías pueden implicar cosas buenas y malas. Un humano sin sesgos es un humano que simplemente no puede funcionar, porque desperdicia mucho tiempo tratando de experimentar el mundo desde un punto de vista objetivo, sin hacer inferencias ni suposiciones. ¿Cómo se ve esto en la práctica? No tomar un vuelo por no confiar en el piloto, o no asumir que la otra persona que tiene un cuchillo en su garganta tiene malas intenciones.

Hasta el momento, los científicos no han encontrado manera de erradicar completamente los prejuicios, así que todo el dinero subvencionado destinado a las investigaciones podría haber sido en vano. Simplemente no existe una forma probada en que las personas se vuelvan completamente desprejuiciadas, a menos que reemplacemos el cerebro con una supercomputadora. Esto provoca muchos más problemas relacionados con los humanos cibernéticamente mejorados o la inteligencia artificial, pero no hablaremos sobre esto aquí.

Por otro lado, la buena noticia es que, si bien es imposible eliminar el sesgo y el prejuicio, estos dos no son estados absolutos, lo que significa que uno puede tener diferentes grados de ambos, en parte gracias al condicionamiento de los padres y los compañeros, y experiencias previas. El hecho de que esté leyendo esto ahora significa que quizás es menos sesgado que sus pares, porque está al tanto de sus sesgos, lo cual es un gran punto de partida, y probablemente usted es más curioso y abierto a la experiencia, lo que también es un gran punto de partida.

Entonces, ¿qué podemos aprender de toda la investigación acerca de los sesgos? Aquí hay cuatro importantes recomendaciones:

La Diversidad Cognitiva Debe Ser Adoptada

Todo esto significa que usted debe aprender a aceptar que hay diferencias entre las personas, incluso si se encuentra de acuerdo con alguien que actúa, piensa, siente, e incluso le habla de manera diferente. Una buena forma de comenzar es viendo un programa en la televisión que realmente no le guste, o escuchar un programa de radio o podcast con el que no esté de acuerdo. No le será muy cómodo para empezar, pero le dará algunas buenas ideas respecto a las diferencias en las personas. Desde ese punto de partida, debe comenzar a hacer un esfuerzo para involucrarse con gente que no le gusten sus valores, o quienes los cuestionen.

La Empatía Debe Ser Cultivada

La empatía es uno de los temas más antiguo en el estudio de la psicología, y se define como la voluntad y/o habilidad de otorgar consideración a diferentes puntos de vista, intentar entender por qué otras personas se sienten y piensan en la forma en que lo hacen. Existen muchos programas de entrenamiento que son efectivos fortaleciendo la empatía, programas que han sido exitosos incluso donde los estudiantes son absolutos psicópatas. Cursos como aquellos no son necesarios para usted; es simplemente tan fácil como practicar la empatía por usted mismo y aprender a desarrollarla.

Comience tratando de analizar qué puede estar pensando otra persona. Vea si puede entender su actitud o motivo. Para empezar, sus resultados serán bastante aleatorios y lejanos, pero lo que está haciendo es entrenar su mente para ponerse en el lugar de otra persona. Tras ello, puede intentar justificar por qué una persona piensa y siente en la manera en que lo hace.

Ponga atención a los menos privilegiados o desfavorecidos; tenga en mente que ellos podrían venir de un entorno desfavorecido, y no haber tenido la suerte o el éxito que usted tuvo. Eso no significa que ellos no sean talentosos, interesantes, o que no trabajen tan duro como usted. Póngase en sus zapatos; ¿cómo se sentiría? Piense en cómo debe sentirse ser retenido por ser diferente de alguna forma.

Hacer ejercicios como estos es una manera fácil de ayudarlo a comenzar a tener pensamiento empático, lo que genera más tolerancia y menos sesgos.

Sus Sesgos Deben Ser Explícitos

Determine sus sesgos y sea honesto consigo mismo. Para enfrentar un sesgo, debe estar seguro que existe y que es consciente de él. La mejor forma es tomar la prueba de Asociación Implícita. Puede que no sea perfecta, pero le dará un punto de partida desde el cual puede identificar sesgos ocultos, aquellos que usted podría no haber sabido que existían.

Nuevamente, esto no evitará que sea sesgado, pero sí resalta los sesgos implícitos y explícitos. Si usted sabe que es racista o sexista, y está orgulloso de ser así, esto no le resolverá ningún problema. Sin embargo, el solo hecho de haber llegado tan lejos en el libro probablemente significa que usted no es racista o sexista, y que no se siente orgulloso de sus sesgos.

Sus Comportamientos Deben Ser Controlados

Todo se reduce a que no importa qué piense o qué siente de manera profunda sobre otros. Lo que realmente importa es su comportamiento, que es lo que más revela a otros acerca de si usted es sesgado o no; las acciones siempre hablan más fuerte que las palabras, y en ningún caso más que aquí. Nadie puede estar completamente libre de sesgos; lo que debe hacer es evitar que esos sesgos influyan en la manera en que actúa.

Aquí tiene un ejemplo. Dos personas: una es profundamente prejuiciosa, pero se comporta, lo mejor que puede, en una manera inclusiva y social, tanto así, que todos creen que es una persona justa. La segunda es muy abierta de mente, no tiene una opinión real acerca de los estereotipos, pero su comportamiento es el de una persona prejuiciosa que habla de manera derogatoria sobre los demás.

Posiblemente piense que este es un escenario con el que nunca se encontrará, pero lo crea o no, es mucho más común de lo que podría imaginar. En términos simples, es increíblemente fácil ser un defensor de algo o alguien si no tiene que demostrar sus acciones para respaldarlo. Mire el sistema de donación de órganos, claro, hay millones de partidarios, pero ¿cuántos realmente se han inscrito en él? El medio ambiente. Millones de personas abogan por salvar el medio ambiente, pero pocas de ellas lo hacen viviendo un estilo de vida que sea respetuoso con el medio ambiente. Algunas personas son prejuiciosas contra grupos socialmente desfavorecidos, pero no lo muestran, mientras otros son muy abiertos respecto a sus prejuicios. Así es la vida; así es como somos.

En última instancia, no podemos vivir una vida completamente libre de prejuicios, pero podemos aprender a ponernos en los zapatos de otras personas. Cuando puede hacer eso, puede cuestionar sus prejuicios y hacer algo para impedir que tengan una influencia sobre la forma en que piensa y actúa.

Parte 3: Herramientas para la Mente

Disonancia Cognitiva: El Poder de la Creencia y Cómo Superarlo

En la parte 3, revisaremos las acciones, las cosas que puede hacer para entrenar su mente para ser un pensador mejor y menos prejuicioso. Tenemos mucho que cubrir aquí, pero no es necesario que lo haga todo. Usted es infinitamente mejor que la mayoría de las personas, incluso si implementa solo uno de los métodos que le mostraré aquí.

La disonancia cognitiva es simplemente la incomodidad que usted experimenta en su interior causada cuando hay un conflicto entre sus acciones y comportamientos, o creencias e información nueva. Por ejemplo, si es vegetariano y rigurosamente no come carne, pero se ve forzado a matar a un conejo y comérselo porque está intentando evitar morirse de hambre en una situación de vida o muerte. Su creencia arraigada lo obliga a mantener su estilo de vida vegetariano, pero la situación actual lo obliga a matar o morir. Dicho esto, ¿por qué experimentamos disonancia cognitiva?

Experimentamos disonancia cognitiva porque nuestras mentes aman la consistencia. Todos seguimos algún tipo de rutina, que es una serie de acciones que ocurren en un cierto momento. Por ejemplo, cuando despierta en la mañana, irá al baño, se cepillará los dientes, se dará una ducha, se vestirá, desayunará e irá a trabajar. Esta es una típica rutina matutina para muchas personas, y la hacemos de forma casi inconsciente. Nuestros cerebros aman este tipo de cosas porque puede simplificar todas las acciones para hacerlas sentir casi automáticas. Incluso cuando cruza los brazos, siempre los dobla de una cierta manera, ya sea el derecho metido debajo del izquierdo o viceversa. Si intenta hacer lo opuesto, se sentirá extraño.

Queremos consistencia en nuestras vidas, y la falta de ella crea disonancia cognitiva. La consistencia aquí aplica a nuestras actitudes, hábitos, y visión del mundo en general. Cuando ocurre algo que desafíe esa consistencia, se sentirá incómodo, y sentirá la necesidad de reducir o eliminar la disonancia.

El psicólogo Leon Festinger propuso una teoría sobre la disonancia cognitiva. Él sugirió que todos luchamos por lograr consistencia interna. Tampoco es solo un objetivo consciente. Lograr consistencia interna es una necesidad psicológica. Todos tenemos la necesidad de lograr que nuestras creencias y comportamiento se alineen entre sí. La inconsistencia o conflictos entre esos dos crean una falta de armonía interna que estamos programados para evitar.

Según el libro de 1957 de Festinger llamado *A Theory of Cognitive Dissonance*, él explicó que uno puede entender la disonancia cognitiva como una condición que obliga al sujeto a realizar actividades que reducen dicha disonancia. Lo comparó con cómo el hambre nos obliga a comer para reducir el hambre. Por supuesto la disonancia cognitiva es una motivación mucho más poderosa, pero es básicamente eso.

Factores Influyentes

La disonancia cognitiva y la severidad con la que las personas experimentan esta disonancia dependerá de diferentes factores, como qué tanto valoran la creencia desafiada y qué tan inconsistente es su creencia comparada con sus acciones. Muchos factores pueden influenciar en la fuerza general de la disonancia cognitiva, que incluyen:

• Si la cognición desafiada es personal, como la creencia en uno mismo, entonces la severidad de la disonancia será fuerte. Mientras más personal sea, la disonancia se vuelve más fuerte.

• La importancia de la cognición también juega un rol muy importante. Aparte de las creencias personales, cuánto valore la cognición influencia la fuerza de la disonancia cuando ocurre.

• La relación existente entre pensamientos consonantes y pensamientos disonantes. Entonces, mientras más pensamientos sean desafiados, más fuerte será la disonancia.

• Mientras más fuerte sea la disonancia, más la persona siente la necesidad de eliminar los sentimientos incómodos.

• Dado que la disonancia cognitiva nos obliga a actuar para eliminarla, puede influir de manera poderosa la forma en la que actuamos y nos comportamos.

Ejemplos

Ya que la disonancia cognitiva ocurre cuando nuestras creencias y acciones entran en conflicto, o cuando nuestras creencias son desafiadas de alguna forma, esta puede ocurrir cuando menos lo esperamos, y en cualquier momento de nuestras vidas. Sin embargo, los efectos pueden volverse más significativos cuando hay un fuerte conflicto entre el comportamiento y aquellas creencias que vemos como críticas para la identidad propia.

Por ejemplo, la disonancia cognitiva puede ocurrir en las decisiones de compra que tomamos regularmente. Consideremos el auto eléctrico, por ejemplo. Uno podría asumir que cambiarse a un auto eléctrico podría ser beneficioso para el medio ambiente, hasta que nos damos cuenta de que la producción del auto eléctrico es igualmente mala para el medio ambiente.

En este caso, podemos ver claramente el conflicto. La persona quiere contribuir a la preservación del medio ambiente cambiándose a un automóvil eléctrico, pero luego descubre que el auto puede no ser tan ecológico como se les ha hecho creer. Sin embargo, a largo plazo, igualmente causará menos emisiones a la atmósfera, pero sienten culpa por la contaminación causada por su producción.

Una disonancia ocurre, y para reducirla, aquella persona puede deshacerse del carro y tomar el transporte público, o reducir su énfasis en la responsabilidad medioambiental. Entonces, como puede ver, no hay muchas opciones aquí cuando la disonancia ocurre entre la creencia y la acción. O elimine el objeto que causa la disonancia, o la creencia.

Muchos de nosotros confiamos en nuestras habilidades para tomar decisiones, y también existe la tendencia entre los humanos a sobreestimar nuestras habilidades. En este caso, si hace una mala compra, entonces entrará en conflicto con su creencia en sí mismo, causando disonancia cognitiva.

Aquí, Festinger entregó un ejemplo en su libro sobre cómo una persona puede enfrentar la disonancia cognitiva cuando hay un conflicto entre el comportamiento y la salud. Es posible que haya oído hablar de esto, pero algunas personas insisten en fumar sabiendo muy bien que fumar no es saludable. En este caso, el conflicto está entre el hecho que fumar es malo y el comportamiento contradictorio (fumar).

Por lo tanto, los fumadores tienen dos opciones para enfrentar la disonancia. Pueden dejar de fumar, o cambiar su creencia en la información que recibieron. Algunas personas irán por la primera opción, que es la correcta, mientras que otros optarán darle mayor valor a fumar que a su propia salud. Las personas en el segundo grupo no rechazan la información. Ellos aceptan que fumar no es saludable, pero creen que el placer químicamente inducido que obtienen de fumar vale la pena.

Existe una tercera opción, y es disminuir los inconvenientes. En nuestro ejemplo, el fumador puede decidir no creer en el hecho de que fumar es malo para la salud. Se dicen a sí mismos que lo que han escuchado acerca de fumar hasta el momento es sesgado, entonces podrían hacer su propia investigación para encontrar estudios que prueben que fumar no es malo para la salud, para contrarrestar la nueva información que contradice su creencia. Alternativamente, podrían usar razones superficiales para convencerse a sí mismos para continuar su comportamiento. En este caso, podrían decirse a sí mismos que no pueden evitar todos los potenciales riesgos existentes, por lo que no tiene sentido evitar este en particular.

Los fumadores también podrían intentar convencerse a sí mismos de que ganarán peso si dejan de fumar, lo que a menudo es cierto basado en numerosos estudios. El asunto es que dejar de fumar le hará ganar solo un par de kilos. Hay casos en donde las personas ganan mucho más que eso, pero la probabilidad es muy baja. Lo que el fumador ve no es la consecuencia insignificante de subir unos kilos, sino el mismo hecho de ganar peso, y que existe un riesgo a la salud asociado al aumento de peso. Entonces, los fumadores se convencen a sí mismos que fumar no es tan malo, considerando que dejar de hacerlo les provocará un aumento de peso.

Reacciones Comunes a la Disonancia Cognitiva

Las personas se sienten obligadas a reducir la disonancia cognitiva dependiendo de la severidad. Hay tres respuestas comunes que mostrarán:

- **Cambio de Enfoque:** Aquí, la persona simplemente se enfoca en las creencias de apoyo, superando así la incomodidad causada por la disonancia. Por ejemplo, aquellos que sienten una fuerte preocupación por el medioambiente podrían experimentar disonancia cognitiva extrema cuando conducen un automóvil que consume mucho combustible muy rápidamente. En este caso, podrían efectuar su propia investigación para determinar si están contribuyendo al detrimento del medioambiente. Descubren que los hechos que verifican sus acciones, lo que reduce la incomodidad.

- **Reducir la Importancia:** En el segundo escenario, digamos que Steve lleva un estilo de vida saludable, pero trabaja en la oficina que requiere que permanezca sentado ocho horas al día, lo cual no es saludable. La disonancia ocurre cuando descubre que sentarse por mucho tiempo está asociado con varios problemas de salud. Es posible que no pueda solicitar un escritorio de pie, ni pueda trabajar sentándose y levantándose de forma intermitente. Entonces su única opción es encontrar maneras de justificar su comportamiento, lo que puede hacer de muchas maneras, ya que puede encubrir la acción disonante con otras actividades que apoyan la creencia en conflicto. Steve podría decidir seguir con su estilo de vida saludable, o continuar incorporando más hábitos saludables para compensar el conflicto.

- **Cambiar la Creencia:** Finalmente, usted también podría escoger cambiar la creencia en conflicto, para que así se alinee con su comportamiento. Esta es considerada la mejor manera de enfrentar la disonancia cognitiva, si la creencia en conflicto es una creencia limitante. Sin embargo, cambiar las creencias de uno es difícil, especialmente si dicha creencia tiene relación con valores profundamente arraigados como la religión.

¿Cómo Se Siente Tener Disonancia Cognitiva?

Cada persona tiene sus propios niveles de tolerancia a la disonancia cognitiva, y por esa razón, no es posible medirla de forma objetiva. Algunos solo experimentarán un leve nivel de incomodidad, una sensación de que algo anda mal, pero no lo suficientemente grave como para provocar un sentido de urgencia, o causarles problemas mayores. Algunos querrán hacer cambios para quitar esa incomodidad inmediatamente, y eso no es algo malo.

Sin embargo, el peor de los casos es una poderosa disonancia que causa ansiedad, más aún cuando afecta un valor o creencia profunda, como la moral o la religión. Por ejemplo, crecer en una religión estricta que le enseña que tener relaciones sexuales antes de casarse es un pecado; si luego se involucra en una relación sexual antes de casarse, es posible que sienta una fuerte disonancia cognitiva.

Hasta cierto punto, una comunidad afectada por la disonancia cognitiva es la comunidad LGTB+, aunque las cosas ya no están tan mal como solían ser. Si, por ejemplo, se le enseñó que estaba mal tener sentimientos sexuales hacia una persona del mismo sexo, puede comenzar a experimentar fuertes sentimientos de incomodidad, culpa, ira, o vergüenza si lo hace, y eso proviene de la disonancia cognitiva. Si es lo suficientemente fuerte, podría incluso empezar a creer que usted es inmoral, incluso un degenerado, y podría comenzar a odiarse a sí mismo hasta que pueda resolver la disonancia.

Tres Formas para Reducir la Disonancia Cognitiva

La disonancia cognitiva está salpicada a lo largo de nuestras vidas; una parte de ella es tolerable, mientras que otra es poderosa. Esta última nos hace querer hacer cambios inmediatos. Es casi imposible lograr consistencia a lo largo de nuestras vidas, ya que todo lo que hacemos y creemos será desafiado en algún momento, lo que requerirá que se hagan cambios. Según expertos, hay tres formas con las que todos podemos reducir la disonancia cognitiva:

• **Cambie su Comportamiento:** La disonancia cognitiva asoma cuando sus acciones y creencias están en conflicto. Una forma de reducir la disonancia es cambiar la creencia o acción que la causa. Por ejemplo, si bebe y conduce regularmente, la manera de reducir la disonancia es dejar algo: ya sea dejar de beber por completo, o dejar de conducir cuando bebe, y enseñarse a usted mismo que no es bueno conducir bajo la influencia del alcohol. Al hacer esto, las acciones y las creencias son armonizadas, y la disonancia es eliminada o al menos disminuida significativamente.

• **Cambie Sus Creencias:** El cerebro humano crea un lente, y es a través de él que percibimos nuestra realidad. Su realidad podría ser diferente de la de aquellos alrededor suyo, y la percepción de la realidad es constantemente alterada para aliviar sentimientos disonantes. Lo que esto significa es que la mente humana filtrará cualquier cosa que no encaje con sus creencias, por lo que la disonancia solo se experimenta cuando es completamente inevitable. Por ejemplo, los fumadores podrían constantemente buscar información respecto al vínculo entre el tabaquismo y el cáncer, escogiendo creer las investigaciones que señalan que no existe dicho vínculo. Este es un comportamiento sesgado, pero los fumadores continúan haciendo esto como una manera de reducir la disonancia y continuar como antes

- **Justificar Su Comportamiento y Sus Creencias:** Esto nunca es una buena idea cuando esas creencias y comportamientos pueden potencialmente dañar a los demás, y cuando un "mal" comportamiento se encuentra en conflicto con un "buen" comportamiento. Tomemos a la persona que solo le gusta gastar dinero; ellos podrían continuamente convencerse a sí mismos de que no pueden llevarse el dinero a la tumba cuando mueran, por lo que igualmente pueden gastarlo, o simplemente, que el dinero se gana para ser gastado. Otro ejemplo es la persona que se involucra en algo riesgoso; ellos podrían justificar esto diciendo que la vida existe para vivirla, y que uno simplemente no sabe cuándo le llegará su hora. Podríamos dar vuelta las cosas, digamos que la acción es "buena", y la creencia es "mala"; aun así habría disonancia cognitiva, pero estaría abriéndose a la posibilidad de cambiar la mala creencia.

Disonancia Cognitiva y Relaciones Emocionalmente Agotadoras

Todos hemos estado involucrados o conocemos a alguien que está con una persona que drena energía, las que son conocidas como "vampiros de energía". Estas personas usan tácticas abusivas, como abuso físico y emocional, comportamiento intimidatorio, abuso sexual, aislamiento social, abuso económico, y muchos otros comportamientos dañinos, solo para mantener el control sobre la víctima. La amenaza de abuso se encuentra siempre sobre la víctima, y a medida que el tiempo pasa, esto empeora.

Las víctimas tienden a ignorar los instintos, no creyendo en ellos cuando se trata de este tipo de relaciones. En el fondo, saben que todo está mal; saben que son la víctima en una relación abusiva, pero continúan estando, viviendo temerosas acerca de qué podría ocurrir, con la equivocada esperanza de que las cosas mejorarán.

Esto causa una profunda disonancia cognitiva porque la víctima quiere creer que todo estará bien, sabiendo que no será así. Quieren creer que, si le muestran amor y atención a la pareja, él o ella cambiará. La realidad es muy diferente, porque los "vampiros de energía" no tienen idea sobre qué es el amor. Su idea de amor es continuar el abuso; avergonzar, criticar y castigar a su pareja.

El principal mecanismo de defensa de alguien atrapado en una relación así es hacer lo que sea para reducir la disonancia. Existen esas tres maneras de las que hablamos anteriormente, pero esas son los métodos menos resistivos y no harán nada para mejorar las cosas para la víctima. Nada cambiará, y no se sentirán más seguras.

Una víctima de este tipo de relación podría, por ejemplo, mentir: convencerse a sí mismos que su pareja los ama, como una manera de justificar lo que ocurre. Se dicen a sí mismos que cuando algo bueno ocurra, todo cambiará para mejor, pero cada vez que sufren más abuso, la disonancia se vuelve más fuerte.

Hay una buena razón por la cual una víctima debe salir lo más rápido posible: cambios en el cerebro. Mientras más tiempo viva con disonancia cognitiva, mayor es la probabilidad de que su cerebro cambie, de manera similar a como ocurre con el TEPT. Los síntomas físicos podrían manifestarse como enfermedades autoinmunes, y las víctimas incluso podrían experimentar trastornos cerebrales. Una vez que esto ocurre, la víctima ya no es capaz de pensar apropiadamente, no puede ver una salida, y las cosas no cambiarán hasta que aprendan nuevamente a confiar en sí mismos. Existen formas en que este tipo de situaciones pueden remediarse, usando terapias como el Tapping o la terapia de Desensibilización y Reprocesamiento por Movimientos Oculares (EMDR).

Cómo Reducir la Disonancia Tras una Relación con un Vampiro de Energía

Si ha estado atrapado en una relación con un vampiro de energía, necesitará más que solo técnicas de reducción para recuperarse. Obviamente el primer paso es alejarse de la relación. Entonces puede comenzar el proceso de recuperación.

Además de los métodos mencionados anteriormente, existe una forma más de lidiar con la disonancia cognitiva después de este tipo de relación. La víctima debe obtener cierta validación de la situación, lo que puede ser terapia con un profesional, conversar con un amigo, escribirlo todo, etc.

Neuroplasticidad: Cambie Sus Creencias Limitantes Ahora

Como el nombre sugiere, la neuroplasticidad es un término usado para describir la flexibilidad de la mente. Más precisamente, es la habilidad de la mente para ser moldeada, como plástico, basada en pensamientos y comportamiento. De hecho, no importa la edad que tenga; su mente aún puede ser cambiada para mejor. Pero antes de sumergirnos demasiado en esto, comencemos desde el principio.

Cómo se Forman las Creencias y Cómo Cambiarlas

Todos son diferentes. Ese hecho ya ha sido establecido. No hay dos cuerpos idénticos, y no hay dos individuos que tengan las mismas experiencias de vida, patrones de pensamiento y personalidades. La forma en que nuestros cuerpos funcionan tampoco es idéntica. En el mundo de la dieta y el estilo de vida, se ha demostrado que dos personas lograrán diferentes resultados con la misma, incluso si la siguen al pie de la letra. Esta diferencia también está presente en nuestra psique. Cada uno de nosotros tiene un conjunto de creencias que da forma a nuestras vidas individuales.

Probablemente ya lo he mencionado y lo volveré a mencionar varias veces, pero vale la pena resaltar el hecho de que percibimos el mundo a través de un lente construido por nuestras creencias. Esto influencia cómo nos vemos a nosotros mismos y todo alrededor nuestro. Por lo tanto, nuestras creencias tienen una poderosa influencia en nuestras acciones y emociones. Como resultado, nuestro éxito y felicidad también dependen de nuestras creencias. Esto es exactamente por qué las personas exitosas siempre nos dicen que creamos en nosotros mismos si queremos ser exitosos. No existe una receta precisa para el éxito que no sea creer en uno mismo.

¿Qué es una Creencia?

Habiendo dicho eso ¿qué es exactamente una "creencia"? Dicho de manera simple, una creencia es algo que pensamos que es cierto. Ponga atención aquí, porque la palabra clave es "pensar". Solo porque pensamos que algo es cierto no lo hace cierto.

Por lo tanto, una creencia es cualquier cosa que asumimos como cierta, y la usamos para entender el mundo, para navegarlo. Piénselo como un sistema que nos ayuda a operar en este mundo. Puede incluso salvar nuestras vidas, porque una creencia puede influenciar lo que hacemos y sentimos. Ya que la creencia es un mecanismo de seguridad, estamos naturalmente inclinados a proteger y preservar nuestras creencias una vez que se forma este sistema.

Nuestras creencias operan en el nivel subconsciente, de manera similar al piloto automático en un automóvil autónomo. Cuando forma una creencia y le da suficiente tiempo para reforzarse, comienza a darla por sentada y nunca cuestiona si sus creencias son correctas o no.

Todos tenemos conjuntos diferentes de creencias, lo que significa que todos tenemos percepciones diferentes de la realidad. Dos personas pueden estar en desacuerdo de manera bastante apasionada sobre un tema en particular, lo que lleva a un conflicto, todo debido a una diferencia de creencias. Algunos buenos ejemplos incluyen política, tradicionalismo y modernismo, sentencias de muerte, aborto, etc.

A un nivel más personal, nuestras creencias también cambian la forma en que vemos los desafíos o cualquier problema. Algunos los ven como un revés y otra razón para rendirse, mientras que otros los ven como una oportunidad para aprender y un trampolín hacia el éxito.

¿Cómo se Forman las Creencias?

¿Se ha preguntado por qué los niños deben ir a la escuela, y recibir educación desde una edad temprana cuando probablemente podrían hacerlo mejor siendo adultos? Para ayudarlo a comprender por qué, piense en nuestras mentes de esta forma: cuando llegamos a este mundo, nuestras mentes son como lienzos en blanco o un trozo de arcilla mojada. Comenzamos con una pizarra limpia que tiene posibilidades ilimitadas. Esto significa que cuando éramos niños, no teníamos creencias preconcebidas. Lo que teníamos era curiosidad y capacidad de observación.

Ya que los niños conocen muy poco acerca del mundo, la única manera en que pueden aprender es de quienes los rodean. Eso significa aprender de sus padres, profesores, amigos, y otras personas que encuentren. Por lo tanto, sus creencias fundamentales están formadas más que nada por factores externos que están fuera de su control.

A partir de esto, podemos identificar dos fuentes principales de creencias. La primera es la aceptación de lo que otros nos dicen que son hechos, que es a menudo lo que hacen los niños. Pero a medida que crecemos, entra en juego otro factor que posiblemente tiene una influencia más poderosa en nuestras creencias, y este corresponde a nuestras experiencias pasadas.

Aquí hay un ejemplo de cómo se forman las creencias. Supongamos que, durante una cena de Acción de Gracias, usted (como niño) no comió toda su cena porque ya se sentía satisfecho. Podría ser porque el tamaño de la porción era demasiado grande, o porque comió muchas galletas antes de la comida, pero la causa no importaba: lo que importaba entonces era el hecho de que sus padres vieron que aún le quedaba algo de comida, y le regañaron por eso. Posiblemente le dijeron que los niños buenos comen todo lo que hay en sus platos, y que el mundo está lleno de niños hambrientos, y que usted no terminara la comida significaba que usted era un desagradecido. Aunque el mensaje real que sus padres quizás quisieron decirle era que uno nunca debe desperdiciar, la forma en que expresaron esta lección influyó en sus creencias en más de una forma.

En ese momento, si tomamos en serio lo que decían nuestros padres y creemos que es cierto, entonces han plantado una semilla de creencia que se manifestará. En este caso, eso significa que usted crecerá creyendo que los niños buenos deben comerse hasta el último trozo de comida que se les sirve, no importa si es mucho o poco. Esto podría provocar desnutrición o comer en exceso, más aún en el último caso si usted tiene una abuela, por ejemplo, quien es muy generosa con los tamaños de sus porciones. Otra creencia formada aquí es que pensamos que estar en desacuerdo con nuestros padres significa que estamos siendo "malagradecidos", la que es una etiqueta muy poderosa para los niños. Todas estas creencias habrían sido aún más reforzadas cada vez que no terminábamos nuestra comida y éramos regañados por eso.

Tener algo tan personal como nuestras creencias personales siendo formadas por factores externos podría parecer una mala idea, pero siendo justos, debemos aprender de quienes nos rodean. Como en cualquier otro aspecto de nuestras vidas, necesitamos empezar de algún lado. No importa mucho qué creencias nos hayamos formado hasta ahora, porque no podríamos haber evitado que se formaran en el pasado. Lo que importa es qué podemos hacer ahora al respecto. Lo que se aprende puede desaprenderse, y lo mismo aplica aquí. Usted puede cambiar sus creencias.

Pero nuestras mentes experimentan aún más cambios cuando salimos de casa, asistimos a la escuela, y conocemos a más personas. Por un lado, los profesores también le dirán lo que creen que es cierto y correcto. Nuevamente, dado que no tenemos experiencia previa en la vida, al menos aparte de lo que nuestros padres (o figuras parentales) ya nos han dicho, también aceptamos lo que nuestros profesores nos dicen que es cierto.

Por ejemplo, suponga que a usted no le iba muy bien en matemáticas (en parte porque el profesor no hacía un buen trabajo enseñándolas), su profesor podría haberle dicho que usted era malo en matemáticas o que era perezoso. Entonces, usted comienza a creer lo que el profesor le ha dicho, especialmente cuando lo hace en varias ocasiones. Con el tiempo, usted llega a creer que en realidad es malo en matemáticas, o realmente cree que es perezoso, aunque eso sea falso.

Cuando está en la escuela, está sujeto a una mayor influencia de sus pares y compañeros, porque pasa más tiempo con ellos que con sus profesores. Suponga que deciden acosarlo dándole apodos desagradables, o incluso llegando a ser abusivos físicamente; usted podría sentir que cualquier forma en que lo llamen sea verdad, y se sentirá indefenso.

Entonces, en el momento en que aceptamos que algo es un hecho, se forma una creencia, y se arraiga en la mente subconsciente. Cuando eso ocurre, será difícil eliminar esa creencia, porque no es algo que usted pueda alcanzar conscientemente. Aunque puede razonar con su mente consciente para discernir la verdad de la falsedad, no se puede razonar con la mente subconsciente. Esta toma nuestras creencias y las usa como referencia para formar nuestra percepción del mundo y automatizar nuestras respuestas.

Cómo Nuestras Creencias Afectan Nuestro Comportamiento, Emociones y Pensamientos

Aquí hay un ejemplo con el que todos podemos relacionarnos. Estoy seguro de que usted ha cruzado la calle muchas veces en su vida. Ahora tómese un momento y piense cómo actúa cuando necesita cruzar una calle transitada. Al comienzo, podría notar que usted sigue un conjunto de comportamientos de manera automática.

Primero mira a ambos lados para asegurarse que la calle está libre para poder cruzarla. A veces, usted podría incluso correr para llegar más rápido al otro lado. Si ve que un auto viene en su dirección mientras cruza la calle, podría sentirse tenso. El solo hecho de cruzar la calle solo, sin importar el tráfico, puede inducir ansiedad en muchas personas. Lo que sea y como sea que lo haga, es probable que lo haga de forma consistente. Debe agradecerle al cerebro por automatizar la totalidad de este proceso.

Lo que quiero señalar no es cómo se debe cruzar la calle, sino cómo se crea el sistema automatizado en el cerebro. Verá, la forma en que cruza la calle es el producto de una sola entre muchas otras creencias. Al combinar todas ellas se crea un complejo sistema de respuestas y pensamientos automáticos. Algunas de las creencias son ciertas y útiles, y otras son dañinas, ya que no están basadas en hechos.

Cuando una creencia ha sido recientemente desarrollada, es fácil cambiarla porque no ha pasado mucho tiempo en nuestras mentes. Sin embargo, cuando una creencia ha sido reforzada una y otra vez, a lo largo de varios años, se arraiga tan profundamente que simplemente no percibimos la realidad que contradice dicha creencia. Nuestra mente simplemente desecha todo razonamiento y solo busca la información que valida y refuerza nuestra creencia para evitar la disonancia cognitiva. ¿Por qué la mente hace eso?

Verá, los humanos son criaturas perezosas. Queremos que las cosas sean tan fáciles como sea posible, y nuestra mente también es así. Siempre va por el camino de menor resistencia. En este caso, uno puede cambiar la creencia de larga data, o cambiar cómo se percibe la información. Lo más fácil de hacer sería cambiar cómo uno interpreta la información.

Eso significa que no importa realmente cómo se presenta la información. No importa lo convincente que parezca, si es una contradicción directa a su creencia de larga data en la mente subconsciente, no aceptará ni una sola palabra. Además, dado que nuestras creencias cambian cómo vemos el mundo, y nuestros pensamientos, acciones y emociones son nuestras respuestas al mundo, eso significa que nuestras creencias también influyen en ellas.

Por ejemplo, supongamos que usted cree que los perros son peligrosos. Quizás sus padres se lo dijeron, o ha sido horriblemente mutilado en el pasado por el pitbull del vecino. Como resultado, usted tiene una poderosa creencia en los peligros de estos adorables perros callejeros, y hará todo lo que esté en su poder para evitar contacto con ellos. Este impulso hace que su mente desarrolle varias respuestas automáticas frente a cualquier cosa relacionada con los perros.

Podría sentirse ansioso, y su cuerpo se tensa apenas siente la presencia de un perro porque lo ve como un peligro inminente. Si ve a uno gruñendo y adoptando una postura agresiva, lo verá como una amenaza. Puede que recuerde el momento en que fue mordido o la advertencia de sus padres, y se sentirá amenazado.

Dado que usted desarrolla la creencia de que los perros son criaturas agresivas y peligrosas, ni siquiera notará un perro amigable. Seguirá viendo a ese cachorro como una amenaza, y responderá en consecuencia. Es casi como si viéramos el mundo a través de un lente con filtros creados por las creencias arraigadas en nuestras mentes subconscientes.

Como he mencionado anteriormente, las creencias pueden ser beneficiosas y limitantes. Cuando comienza a cuestionar sus propias creencias, podrá ver cuál es cuál. Las creencias negativas o limitantes nos impiden alcanzar nuestro máximo potencial. Por otro lado, las creencias positivas o fortalecedoras se basan en hechos y la lógica. Nos permiten permanecer resilientes y prosperar frente a las dificultades.

En cierto modo, nuestras creencias dan forma a nuestra visión de la realidad. El caso es que no mucha gente se da cuenta de que debido a que nuestras creencias son tan oscuras, no nos tomamos el tiempo para escudriñar nuestro sentido de la realidad. Dado que nuestras creencias cambian nuestra visión de la realidad, pensamientos y comportamientos, también influyen en el éxito que podemos tener en la vida. Una persona podría ver un problema como un desafío a superar, mientras que otra podría verlo como un callejón sin salida, todo debido a sus creencias. Ni siquiera necesita buscar muy lejos para encontrar tales ejemplos. Incluso puede que conozca a algunas de estas personas personalmente, aquellas que lograron superar todas las dificultades, y las que se rindieron ante el más mínimo indicio de inconveniente, a pesar de que tenían todos los recursos y habilidades que necesitaban para superar el problema.

Estas son solo algunas de las formas en que una situación es vista de manera diferente por diferentes personas. Tenga en mente que todos intentamos hacer lo que sea que refuerce nuestras creencias, que las valide, porque es mucho más fácil interpretar algo erróneamente que cambiar lo que creemos. Todos sienten, piensan y actúan de una manera que ellos ven como apropiada. Podemos ir aún más allá y decir que las creencias fuertes crearán autorrealización.

Ahora entendemos la importancia de las creencias; necesitamos verlas un poco más de cerca. Es bueno cuando usted tiene creencias totalmente "buenas", pero si puede identificar sus creencias y eliminar las limitantes de su subconsciente, logrará avanzar mucho. Esto no será fácil, pero no hay nada que valga la pena tener. Después de todo, nadie quiere vivir su vida confinado por creencias que solo los hacen infelices, lo que les impide alcanzar su potencial.

Identificar Creencias Negativas o Limitantes

El primer paso para cambiar no es desafiar directamente sus creencias limitantes. Usted primero quiere distinguir lo bueno de lo malo. Esto tomará algún tiempo porque tiene muchas creencias que analizar. Recomiendo pasar un tiempo solo en casa durante el fin de semana, y hacerse algunas preguntas para identificar creencias limitantes. Tomará un largo tiempo y requerirá mucho esfuerzo. Tampoco será cómodo, si lo hace bien.

No obstante, quiero señalar nuevamente que vale la pena buscar las creencias limitantes y reemplazarlas por otras fortalecedoras. Esto lo sabrá en el momento que logre desarraigar una creencia limitante y reemplazarla con una creencia fortalecedora. Es una experiencia que cambia la vida.

Por lo tanto, trate de encontrar algo de tiempo solo en un lugar donde no lo molesten. Tenga a mano un lápiz y un cuaderno. Luego, hágase muchas preguntas. Aquí hay algunas para comenzar:

- "¿Cuáles son las cosas que quiero, pero no puedo obtener"

- "¿Qué quiero mejorar, pero nunca obtengo el resultado que quiero?"

- "¿En qué áreas de mi vida me siento incompetente?"

Estas son solo algunas preguntas que se puede hacer usted mismo. Será un viaje de introspección, por lo que querrá tomarse su tiempo con esto. La idea es que identifique en qué áreas de la vida se está quedando atrás, cómo y por qué esto sucedió, y podrá encontrar la creencia limitante detrás de todo eso. Estas preguntas pueden parecer sencillas, pero serán algunas de las más difíciles que jamás se preguntará, como debiera ser. No obtendrá la respuesta real de inmediato, y tomará un largo tiempo y una honestidad brutal. Esto último definitivamente será difícil para usted, ya que requiere que acepte la realidad de sus creencias, lo que podría causar disonancia cognitiva. Dado que estamos hablando de creencias profundamente arraigadas, la disonancia será fuerte. No importa qué tan fuerte sea, es posible que desee desarrollar otra creencia diciéndose a sí mismo que si logra hacer el cambio y soportar el dolor, valdrá la pena el esfuerzo.

Reemplazando Creencias Limitantes

Una vez que todas sus creencias limitantes han sido identificadas, podrá empezar a eliminarlas y reemplazarlas por creencias fortalecedoras. No basta solo eliminar las creencias limitantes de su vida; debe desarrollar las creencias más fortalecedoras que pueda.

Nada de esto será fácil; su cerebro y su mente ya no son una hoja en blanco, y cambiar todo lo que pensaba que creía será difícil.

Dado que nuestros cerebros aman la consistencia, podemos usar eso a nuestro favor. Para cambiar sus creencias, necesitará consistencia y tiempo, mucho de ambas cosas. La tarea en sí es sencilla. Cualquiera puede hacerla, pero su éxito depende si puede ceñirse a ella. Hágalo tan lento como sea necesario, siempre que pueda ceñirse a ella de forma consistente. La consistencia es lo importante aquí. No hay necesidad de apresurar algo tan delicado como esto.

Al igual que cualquier cosa hecha por el hombre, podemos desaprender creencias limitantes y formar creencias fortalecedoras, Entonces, estas son las cosas que debe hacer:

1. Elija una creencia limitante; piense detenidamente en cómo ha actuado en su contra anteriormente. Al hacer esto, está estableciendo el hecho que tiene buenas razones para querer eliminarla. La mejor manera de hacer esto es aislándola y contrastándola con todas las creencias fortalecedoras que tiene. Esto creará una disonancia, pero su mente se convencerá que la mejor forma de eliminar dicha disonancia es eliminando la creencia limitante. Por ejemplo, suponga que usted tiene problemas de confianza. Está convencido que todo el mundo está tratando de explotarlo. Pregúntese por qué tiene esta creencia. Quizás tuvo una ruptura terrible porque fue engañado por su cónyuge. Quizás realmente nunca tuvo amigos. Tal vez simplemente cree que confiar en alguien es un signo de debilidad, ya que puede sentirse lastimado si la gente no es honesta con usted. Luego, mire cómo esta creencia lo ha dañado. Quizás no le agrade a nadie en el trabajo. Vive principalmente en aislamiento y se siente solo. Tal vez incluso se siente culpable por alejar a las personas que realmente se preocupan por usted.

2. Busque evidencia que demuestre que una creencia no es cierta; cuando acepta que la creencia está dañando su vida, entonces puede reforzar este hecho, y que una creencia limitante en particular no es buena para usted. Para hacer esto, debe encontrar más evidencia para convencerse. Volviendo al ejemplo de la desconfianza que usamos anteriormente, podría recordar cuando una persona con quien estaba saliendo era muy honesta con usted sobre algo, algo que causó incomodidad y dañó su relación. Quizás puede pensar en ocasiones en las que estaba en la escuela, y un grupo de niños que no conocía le permitió sentarse con ellos en el almuerzo. Y sin duda, puede pensar en un momento en que se arriesgó a confiar en una persona y le funcionó, quizás un buen amigo que tuvo en el pasado que nunca le mintió, y nunca, en ningún momento, le falló. Básicamente, busque evidencia de sus experiencias pasadas, y reconozca que todos esos eventos sucedieron. Permita que se integren hasta el punto en que acepta y se convence que la creencia limitante no es cierta. Recomiendo dedicar todo el tiempo que necesite a los dos primeros pasos aquí, porque aún puede recibir muchos beneficios simplemente eliminando las creencias limitantes. No tiene que concentrarse en incorporar creencias fortalecedoras si no lo desea. Una creencia negativa y limitante menos ya es una mejora asombrosa.

3. El siguiente paso es comenzar a plantar la semilla de una creencia fortalecedora; volviendo al último ejemplo, intente decirse a sí mismo que solo una pequeña minoría de personas es deshonesta, y lo sabe por sus propias experiencias. A estas alturas, tiene suficiente evidencia para establecer esta creencia, y al hacerlo, puede librarse de la creencia limitante, admitir que no era cierta, reconocer el hecho que se ha estado interponiendo en su camino todo este tiempo, y siga adelante. Comience a creer que la mayoría de las personas son naturalmente honestas.

4. Finalmente, se trata de reforzar la creencia fortalecedora; para hacer esto, debe recordarse constantemente la nueva creencia fortalecedora. Esto no será fácil, dado cuánto tiempo ha tenido las viejas creencias limitantes. No se involucre en esto con la expectativa de que la creencia fortalecedora se incrustará mágicamente en su subconsciente de forma inmediata. Tomará tiempo, y requerirá consistencia, especialmente cuando las creencias limitantes han estado arraigadas en usted durante mucho tiempo. La recomendación es la siguiente: cada vez que pueda, recuérdese que tiene una nueva creencia; cuanto más lo haga, esta creencia se volverá más arraigada y reforzada. Y cuanto más reforzada esté, más fortalecedora será. Trate de recordarse a sí mismo cada mañana y cada noche si puede.

Nuestro sistema de creencias es muy poderoso porque influye cada aspecto de nuestras vidas, incluyendo cómo pensamos, sentimos y actuamos. Desafortunadamente, algo así de importante es tan oscuro que muchas personas no pueden verlo. Las personas dan sus creencias por sentadas, y creen que cualquier cosa en la que crean son hechos, lo que a menudo no es el caso. Cuando nos tomamos el tiempo y el esfuerzo para examinar nuestras creencias de cerca, podemos comenzar a erradicar las creencias limitantes que nos impiden vivir la mejor vida que podamos. A partir de ahí, podemos empezar a reemplazar esos pensamientos limitantes con aquellos que nos empoderarán de maneras que nunca podríamos imaginar.

Aprovechando la Neuroplasticidad

Tómese un momento y observe; ¿cómo conversa con usted mismo? ¿Cómo describiría su vida a los demás? ¿Encuentra fallas en casi todos los aspectos de su vida? Ahora piense en el lenguaje que usa cuando habla con los demás, o habla de ellos; ¿es lo mismo que hace con usted y su propia vida?

Pasamos nuestros días sin una observación consciente de nuestros pensamientos. El mundo está ocupado; estamos ocupados; simplemente estamos demasiado sumergidos en otras cosas que simplemente no tenemos tiempo de escuchar nuestras propias mentes. Cuando nos detenemos y nos tomamos un tiempo para escuchar, nos sorprendemos, quizás incluso nos impresiona cuánta negatividad usamos al hablar con nosotros mismos. Esa negatividad puede abrumarlo, y hacer que sienta que no tiene poder sobre su mente; sin poder sobre la dirección en que su mente quiere llevarlo.

Siempre tuvimos la creencia que nuestros cerebros estaban programados, y que no había forma de cambiarlos. ¿Acaso no todos nacieron con un rasgo heredado que los hacía especiales y dotados de alguna manera? Ahora sabemos que esto no es cierto, y que nuestros cerebros cambian constantemente.

Un solo pensamiento tiene el potencial de determinar cómo se estructura nuestro cerebro. Cuanto más compasivo sea al hablar con usted mismo, más fácil le resultará levantarse y seguir adelante cuando falla en algo.

Todos hemos escuchado la cita de Gandhi: "Tus creencias se convierten en tus pensamientos, tus pensamientos se convierten en tus palabras, tus palabras se convierten en tus acciones, tus acciones se convierten en tus hábitos, tus hábitos se convierten en tus valores, tus valores se convierten en tu destino".

La neuroplasticidad es un campo científico emergente. Dicho de manera simple, la neuroplasticidad es cómo el cerebro puede moldearse a sí mismo en diferentes formas, al igual que se puede moldear el plástico. Es la forma en que el cerebro forma conexiones neuronales para poder reorganizarse. De esta manera, sabemos que el cerebro se puede cambiar, y, aunque esto lleva tiempo, sabemos que podemos enseñarle nuevos trucos.

A lo largo del tiempo, nuestro entendimiento de la neuroplasticidad ha cambiado, lo que ha dado lugar a un nuevo tratamiento para la dislexia, prevención del cáncer, lesiones y víctimas de accidentes cerebrovasculares. Pero no solo funciona en los campos médicos y científicos; también podemos aplicar lo que sabemos al respecto a cada parte de nuestras vidas, y el proceso es simple.

Los cambios ocurren en todas partes de nuestro cerebro, incluyendo la amígdala y el giro cingulado, pero, para aquellos de ustedes que no son neurocientíficos, no necesita realmente saber cómo el cerebro se ve afectado por esos cambios. Los nombres médicos y científicos son irrelevantes; todo lo que importa es lo simple que es todo esto.

Hasta ahora, solo hemos abordado los aspectos básicos del cerebro humano; es una máquina increíblemente compleja, y los detalles acerca de cómo ocurren los cambios también son complejos. Lo más importante es que puede cambiar su cerebro usando su mente.

Tenga en cuenta que estos cambios significan que el cerebro humano se vuelve a cablear todo el tiempo. A veces esos cables estarán por todos lados; en otras ocasiones, reforzará los pensamientos positivos y no los negativos. La evolución ha significado que nuestros cerebros hayan desarrollado un mal hábito: nos aferramos a la negatividad, principalmente para sobrevivir, en lugar de descartarla. Volver a cablear su cerebro requiere que lo haga todo usted mismo controlando su propia mente.

Cuando era joven, alguien pensaba por usted, dejándolo sin elección. Ahora que es un adulto tiene que tomar sus propias decisiones. Todo ese diálogo interno negativo ya ha tenido efectos en su cerebro, y lo ha guiado por el camino de su vida hasta ahora. Ahora necesita detenerlo, reconstruir ese camino en otra dirección más positiva.

Una investigación revolucionaria, una investigación de prácticas orientales y ciencia occidental, ha sido desarrollada por la Escuela de Medicina Harvard y la Universidad de Wisconsin. La investigación fue hecha para determinar el poder que tiene la mente para darle forma al cerebro.

El profesor Richard Davidson quería comprender cómo la meditación afectaba el cerebro; el decimocuarto Dalai Lama le proporcionó doce monjes budistas tibetanos con más de 10 mil horas de meditación entre todos ellos. En el budismo, se cree que la compasión y la meditación solo pueden cambiar a alguien para mejor, pero esas solo son dos de muchas otras prácticas budistas. Esta investigación fue la primera vez que alguien ha podido estudiar cómo nos afecta la meditación, todos sabíamos que cambiaba algo, pero no sabíamos qué. Los resultados del estudio sugirieron que la meditación puede cambiar la forma en que el cerebro se estructura, pero no solo eso, puede también cambiar la manera en que funciona. Se observó que los sujetos tenían una actividad de ondas gamma en sus cerebros que era más poderosa que cualquier otra cosa antes vista.

La actividad cerebral gamma gobierna nuestra función cognitiva, aprendizaje, memoria, consciencia, percepción, etc., lo que significa que los cambios se introducen de mejor manera una vez que aumenta la actividad cerebral gamma. Se necesita práctica para aumentar la actividad en esa área, pero no necesita convertirse en un monje para hacerlo. Prácticas simples de mindfulness como la meditación son lo suficientemente poderosas como para cambiar la forma en que el cerebro se estructura, particularmente en las áreas relacionadas a la compasión y la consciencia.

Habiendo dicho eso, puede inducir cambios positivos en su cerebro deshaciendo las configuraciones defectuosas que lo han atormentado por tanto tiempo. Considere hacer lo siguiente:

Consciencia

Como con cualquier cosa en la vida, para hacer un cambio, debe reconocer su situación actual y la necesidad de hacer dicho cambio. En este caso, para hacer cambios positivos en el cerebro, uno debe primero reconocer los problemas en él. Entonces, aprenda a reconocer pensamientos negativos. Esto es bastante simple.

Comience escuchando la forma en que se habla a usted mismo, y pregúntese cómo se sentiría si otra persona le dijera lo mismo. Si piensa que es inaceptable que alguien le diga las cosas que usted se dice a sí mismo, entonces lo más probable es que esté siendo muy duro con usted mismo.

Aparte de eso, le recomiendo anotar los pensamientos negativos en un bloc de notas y revisarlos una vez por semana. Hágalo por un mes, y debiera tener una lista bastante extensa de conversaciones internas negativas. Cuando vea la lista, trate de ver si puede identificar ciertos patrones que puedan conducir a un problema subyacente mayor. Quizás verá que su conversación interna negativa proviene de su relación en deterioro, falta de avance profesional, etc.

Lo que sea que haga, nunca juzgue sus propios pensamientos negativos. Solo reconozca que tiene pensamientos negativos. ¿Por qué? Porque quiere aprender a dejarse algo de margen también. Cuando juzga su conversación interna negativa, está parcialmente juzgándose y culpándose a sí mismo, y ese no es el camino hacia la autocompasión. Reconozca que ha estado hablándose a sí mismo de una mala manera, pero perdónese y concentre su energía en mejorarse.

Cuando desarrolle su vida diaria, observe la manera en que conversa con usted mismo. Si comienza a pensar de forma negativa, deténgase; respire profundamente, dígase a usted mismo que se tendrá la misma compasión que le tiene a otros. En resumen, sea un observador compasivo de su propia mente sin juzgar.

Encuentre el Lado Positivo

Dicho de manera simple, encuentre algo positivo dentro de la situación mala en que se encuentra. Tenemos un mal hábito cuando se trata de cómo vemos los problemas. Todos los tenemos; tal vez es la mala economía y despidos masivos; un jefe difícil, o que la cultura de su empresa es tóxica. Quizás es su familia mezquina y poco comprensiva; o no tiene suficientes recursos, educación, experiencia, o finanzas para obtener lo que desea. La lista sigue y sigue.

Muchas personas no saben que lo que realmente los frena no es el problema en sí. Es cómo ven sus problemas y la historia que se cuentan a sí mismos acerca de ellos. Las cosas que se dice usted mismo quizás sean solo excusas para mantenerlo dentro de su zona de confort. Por lo tanto, sea honesto con usted mismo y vea los problemas como son, no peores de lo que son. La vida está llena de problemas, pero en lugar de verlos como obstáculos, véalos como trampolines.

Rutina Matutina

Primero, comencemos con la rutina matutina. ¿Cómo es la suya? ¿Consiste en despertar con la alarma ruidosa, sentirse aturdido, y maldecirse usted mismo por quedarse despierto hasta tarde para poder ver "un solo episodio más" de la última y más popular serie de Netflix? ¿Todo se trata del café, el correo electrónico, y las necesidades de todos los demás primero? Si es así, entonces debe refrescar su mañana. Usted quiere tener una mañana con intención y dirección en lugar del caos y las distracciones con las que todos estamos demasiado familiarizados.

Necesita tener una rutina matutina consistente, para estar libre de distracciones, sentirse energético, estar presente en el momento y disfrutar de la vida, mientras mantiene ese hermoso flujo creativo y toma buenas decisiones en la vida.

Una vez más, debe empezar de a poco. No es necesario que modifique completamente su rutina matutina. Por lo tanto, haga las siguientes pequeñas cosas por la mañana:

1. No más excusas. Todos decimos que no somos personas madrugadoras, y por lo tanto es natural que su mañana sea siempre un desorden. Le diré esto ahora: nadie nace mañanero. Establecer una rutina matutina y mantenerse consistente con ella requiere un esfuerzo consciente. Por lo tanto, comience con su rutina matutina cada vez que comience su mañana.

2. Estiramiento de Gratitud. Entiendo que esto suena como una exageración. Pero cuando despierta, usted quiere estirar sus músculos para hacerles saber que es hora de ponerse a trabajar- No olvide estirar los abdominales, porque los brazos y las piernas no son suficientes. Mientras lo hace, trate de pensar en tres cosas por las que esté agradecido y dígaselas a usted mismo.

3. Ignore las notificaciones. Solo ignórelas por ahora para crear un pequeño refugio del mundo digital durante la primera hora despierto. Quiere que su mañana esté libre de estrés y sin distracciones. Eso significa no conectarse o revisar su teléfono para ver los mensajes si puede hacerlo. No quiere ser distraído por actualizaciones de Facebook o estresarse cuando ve los correos de su jefe. Quiere empezar el día en sus propios términos. Si realmente necesita ponerse al día y prepararse para el día que le espera, hágalo en el último momento, para que sepa qué esperar antes de ir a trabajar. Esto nos lleva al cuarto paso.

4. Salga al aire libre. Salga, en serio. Quiere comenzar su día con aire fresco en sus pulmones y sol en la cara. Si es posible, le recomiendo que haga algo más que solo quedarse afuera en su porche o balcón para disfrutar de la vista. Eso está bien, pero si puede salir y dar un paseo por el vecindario, es aún mejor.

5. Vaya adentro. Luego de empaparse con la belleza y la energía de la mañana, entre y haga algo más por su mente. Me refiero a la reflexión, la meditación, la oración o simplemente sentarse y estar en el momento presente. Dedique unos minutos a esto y preste atención a cómo se siente. Todos hemos preguntado a otras personas cómo están, pero muy pocos nos hemos detenido a preguntarnos cómo estamos. Su cuerpo y corazón se lo dirán, y esto puede generar más preguntas y respuestas. Tomarse el tiempo para hacerse estas preguntas usted mismo puede ser un alivio en sí mismo. Solo preste atención a su cuerpo y mente.

6. Elabore una lista de "cosas que no debe hacer" por la mañana. Este es un concepto inverso a una lista de tareas por hacer. Es posible que tenga una mejor idea de lo que quiere hacer en la mañana dejando en claro lo que no quiere. Esas son las cosas que no agregan valor a su mañana, así que dedique un tiempo a averiguar cuáles son. Cosas como las redes sociales y YouTube definitivamente están en la lista.

7. Haga algo. Incluso si no puede cumplir con todas estas recomendaciones, le sugiero que al menos haga algo durante su rutina matutina. Eso puede ser hacer yoga por solo cinco minutos o estirarse en su habitación, lo que sea que le gustaría hacer. Trate de seguir la rutina durante al menos una semana. Comience a elaborar su plan matutino y cúmplalo, pero hágalo a su propio ritmo.

Meditación

La meditación debe ser parte de su rutina matutina o nocturna. Sirve como una herramienta para calmar su mente. Piense en la meditación como un periodo de transición, de un estado relajado a un estado de alerta al comienzo del día, y viceversa al final del día. La meditación permite que su cuerpo y mente se relajen y se preparen para dormir. Al final, tendrá una mente más clara, un sueño más reparador y otros beneficios. En este caso, también puede ser una herramienta para combatir los antojos de azúcar.

La meditación tiene muchas formas, pero la más popular es la meditación guiada, porque es apta para principiantes. Si puede, le recomiendo la meditación tradicional en la que no se necesitan herramientas. Todo lo que necesita es un espacio tranquilo y abierto sin distracciones. Un banco de meditación o una estera son innecesarios a menos que tenga dolor de espalda. Otros accesorios son completamente innecesarios.

Una vez que haya encontrado aquel perfecto espacio de meditación, simplemente siéntese en el suelo en una pose de meditación, o siéntese en una silla con la espalda recta, asegúrese que su espalda no esté apoyada contra la pared o el respaldo. La idea aquí es que practique mindfulness y la concentración al mismo tiempo.

Una vez que esté en su posición, simplemente cierre sus ojos y comience a respirar desde su diafragma. Esta es la mejor forma de respirar, ya que puede llenar de aire completamente sus pulmones mientras usted inhala. Su estómago debe elevarse al inhalar. Si sus hombros o pecho se mueven, entonces está respirando desde el pecho, lo cual es respiración superficial y es una forma incorrecta de hacerlo.

A medida que respira, enfóquese en su propia respiración, lo que practica la concentración. Al mismo tiempo, asegúrese de estar consciente de sus propios pensamientos y postura, que es una práctica de mindfulness. Si su mente comienza a divagar, guíe suavemente su mente de regreso a su propia respiración. Si comienza a encorvarse, enderezca su espalda.

Si utiliza la meditación guiada, se le darán instrucciones a lo largo del proceso de meditación. Si sigue la práctica de meditación tradicional, necesitará un temporizador. Su teléfono servirá, siempre que lo configure en el modo "No molestar", para que nadie pueda contactarlo mientras medita.

Si es nuevo en la meditación, le recomiendo que le dedique solo dos minutos por las primeras una o dos semanas. Luego puede aumentarlo a cinco, luego diez minutos una vez que esté cómodo.

Personalmente, tengo un reloj que hace un sonido de tic tac cada segundo. Entonces, me concentro en el sonido de tic tac y lo cuento cada vez. Cinco segundos para inhalar, mantener un segundo, cinco segundos para exhalar, y mantener un segundo. Eso significa que pasó doce segundos en todo el ciclo de respiración. Si repito este ciclo diez veces, tendré 120 segundos de meditación, lo que corresponde a dos minutos.

Al seguir este estilo de meditación, puede hacer el cálculo y determinar cuántos ciclos necesita basado en el tiempo que quiere dedicar a la meditación. Cinco minutos de meditación equivalen a veinticinco ciclos de respiración. Diez minutos de meditación equivalen a cincuenta ciclos de respiración.

Al principio será difícil, especialmente para aquellos que tienen vidas ocupadas y necesitan pensar todo el tiempo. La meditación debe ser lo último que hace antes de dormir y una de las primeras cosas que hace en la mañana. Esto es lo que debe hacer para tener una mañana tranquila y un sueño reparador, pero debe hacerlo más para evitar los antojos de azúcar. Puede usarlo para romper el patrón de comportamiento que lo lleva directamente a necesitar azúcar.

Cada vez que un antojo de azúcar le invada, deje inmediatamente cualquier cosa que esté haciendo y haga una meditación rápida. Si está en casa, ya debería tener un lugar de meditación. Si está afuera o en el trabajo, puede meditar mientras está sentado en su silla. Simplemente ponga sus manos en sus rodillas, cierre sus ojos y respire profundamente. El tiempo que planea permanecer así depende de la situación, pero trate de hacerlo durante cinco minutos si puede. Esto es veinticinco ciclos de respiración. Al final, debe sentir que el antojo desaparece.

Cómo Resolver Cualquier Problema

¿Qué hace cuando tiene un problema que resolver? ¿Lo aborda directamente o lo barre bajo la alfombra esperando que desaparezca? Cualquiera de esas opciones no es la mejor forma de resolver sus problemas. Aunque uno debe ser elogiado por no evadir los problemas y elegir sumergirse de lleno en ellos, si hace esto sin una planificación previa, entonces tiene una enorme posibilidad de fallar espectacularmente.

Algunos problemas desaparecen si los deja ahí por un tiempo, pero lo más probable es que esos problemas sean las cosas de las que no debería preocuparse. Pero los problemas que persisten causarán mucho daño en su vida si no los aborda lo antes posible.

Entonces, lo que necesita es un enfoque eficaz para la resolución de problemas que cubra todas sus bases, para que usted pueda mantenerse organizado y encima de todo. Lo que necesita es un sistema que le ayude a pensar de manera sistemática. Aquí hay un sistema de 10 pasos para mejorar su pensamiento crítico y habilidades de resolución de problemas:

1. Replantee

En primer lugar, debe cambiar la forma en que ve el problema. Para ser más preciso, necesita usar una descripción más positiva de su situación. De hecho, la palabra "problema" tiene una etiqueta negativa. Sugiere que algo está mal.

Entonces, en vez de llamarlo un problema, llámelo un desafío o una oportunidad para aprender. Una descripción positiva de la situación también influye en cómo la ve y la aborda. Llamarla un desafío puede incluso motivarlo a encontrar soluciones creativas.

2. Defina la Situación Claramente

Lo último que quiere es ponerse en una situación donde no tiene ni idea de lo que está sucediendo y lo que está en juego. Entonces, pregúntese qué está pasando realmente e identifique las fuentes de su estrés, ansiedad y preocupación, así como por qué lo hacen sentir de esa forma. Asegúrese de escribir sus respuestas y de ser tan preciso como sea posible.

3. Utilice Pensamiento Crítico

El siguiente paso debe ser analizar el problema y explorar sus opciones, antes de abordarlo de manera directa, pregúntese qué más es este problema porque podría pasar por alto el problema más importante en cuestión. Para verificar si existe algo más que debe abordar, continúe haciéndose la misma pregunta hasta que deje de obtener respuestas superficiales

Quizás el problema que está experimentando es solo el síntoma y no la enfermedad, por decirlo de alguna manera. Lo mismo aplica para la resolución de problemas. Quiere llegar a la raíz del problema.

Cuando haya identificado la causa raíz, tómese algo de tiempo para pensar acerca de cómo podría abordarlo. La palabra clave aquí es "podría", no "debería". Por ahora, solo piense en diferentes soluciones, porque casi siempre hay más de una solución para un problema. Averigüe qué puede hacer al respecto y anote su posible curso de acción.

4. Defina la Solución Ideal

A continuación, desea identificar sus criterios de éxito, para saber cuál es el mejor curso de acción. La solución ideal debería abordar la mayoría, si no todos, los criterios de éxito. Para ayudarle a determinar cuáles son, hágase las siguientes preguntas:

- "¿Cuáles son las cosas que deben abordarse?"
- "¿Qué problemas debe abordar la solución?"
- "¿Cuál sería el resultado ideal?"

En resumen, desea saber qué condiciones debe cumplir para considerar el problema "resuelto". Podría terminar con una larga lista de condiciones, por lo que debe priorizar qué condición desea abordar primero.

Por supuesto, cuando identifica las condiciones para el éxito, también define el fracaso, y ese es el incumplimiento de las condiciones. Es por esto que la mayoría de las personas no definen su éxito. Pero este paso es necesario porque si quiere resolver problemas de manera adecuada, debe conocer exactamente cómo se vería el éxito para usted.

5. Elija la Mejor Solución

Cuando defina las condiciones para el éxito, debería tener una idea clara de qué solución es la mejor para el problema. La mejor solución debe ser aquella que marque tantas casillas como sea posible, o todas las casillas que importan.

6. Prepárese para lo Peor

Tenga en mente que literalmente, todo podría salir mal, incluso cuando planifica meticulosamente. Existe solo un número finito de factores que puede controlar, y básicamente tiene que depender de la suerte en ciertas áreas. Entonces, cuando planifique un curso de acción, recuerde que las cosas pueden salir mal. Estudie cómo las cosas pueden salir mal. No es necesario analizar todos los posibles resultados desfavorables. Solo debe estar consciente de lo peor que podría pasar.

Una planificación adecuada considera qué *puede* ocurrir, no qué *debería* ocurrir. Entonces, desea tener un plan de contingencia listo en caso de que las cosas salgan mal. Es posible que deba hacer algunos compromisos, pero si no puede aceptarlo, pruebe la siguiente mejor solución.

7. Mida Su Progreso

Luego, configure formas de medir basadas en su decisión. Esto es diferente a definir los criterios de éxito. Se trata de configurar marcadores para medir su progreso. Entonces, hágase las siguientes preguntas:

- "¿Cómo mediré el éxito?"

- "¿Cómo compararé el éxito de esta solución con el de otra?"

Por supuesto, definir el criterio significa que necesita algo para medir su progreso. Piense en algo que sea fácil de rastrear y que se relacione con su éxito.

8. Asuma la Responsabilidad Total

Asuma la responsabilidad total de la decisión. ¿Sabía que muchas personas en este mundo han tenido las ideas más creativas, pero nunca se materializaron? Es porque al dueño de las ideas se le asigna específicamente la responsabilidad de llevar a cabo la decisión. Cuando tiene una responsabilidad, actúa; sin ella, no lo hará. Entonces, asuma la responsabilidad total.

9. Establezca una Fecha Límite

Para asumir la responsabilidad completa por su decisión, también debe establecer una fecha límite para agregar ese poco de presión para hacer las cosas. Una decisión sin una fecha límite no vale nada. Si es una decisión mayor que tomará un largo tiempo implementar, considere establecer una serie de límites a corto plazo y un cronograma para reportar.

¿Recuerda lo que acabamos de hablar acerca de medir su progreso? Puede utilizar eso como subplazos. Con estos, sabrá inmediatamente si va por buen camino o si se está quedando atrás. Con este conocimiento, puede usar su pensamiento creativo para evitar que problemas similares ocurran en el futuro.

10. Actúe

Finalmente, actúe. Si bien planificar es importante, lo que es aún más importante es actuar. No importa qué tan bueno sea su plan si no lo utiliza, ¿verdad? Entonces, ejecútelo. Ya ha desarrollado un sentido de urgencia con los plazos. Cuanto más rápido se mueva en la dirección de sus objetivos, más creativo será, más energía tendrá, y más aprenderá. Lo más importante es que mejorará su capacidad aún más, por lo que puede lograr incluso más en el futuro.

Cómo Tomar Decisiones No Sesgadas

En la mayoría de los casos de estudio, se le da suficiente información para tomar decisiones, y las respuestas son ejemplos de libros de texto de la toma de decisiones humana en su máxima expresión. Siempre presentan situaciones en las que se conocen todos los hechos, y las personas en los ejemplos están pensando lógicamente. Esta es la situación ideal, pero la realidad a menudo es decepcionante.

En nuestras vidas diarias, casi nunca tenemos suficiente información, y tenemos que tomar decisiones frente a la ambigüedad, y también tenemos que lidiar con nuestras propias emociones en el proceso de toma de decisiones. Tenemos que lidiar con la incertidumbre, riesgos y sesgos, todo lo cual requiere que controlemos nuestras emociones.

Afortunadamente los psicólogos han trabajado arduamente para entender la manera en que pensamos y descubrir cómo podemos tomar mejores decisiones. Antes de adentrarnos en esto, primero debemos aclarar una cosa: no pensamos de la misma manera para cada situación. Puede tomar una decisión rápida y espontánea en un caso, pero luego la siguiente decisión que tome requiere que se detenga y piense un poco. Para simplificar las cosas, digamos que hay dos procesos: pensamiento rápido y lento (Sistema 1 y 2, respectivamente). Ambos tienen sus propias ventajas y desventajas.

Pensando Rápida y Lentamente

El siguiente concepto se deriva del economista conductual Daniel Kahneman. Él propone un marco que consta de dos sistemas cognitivos:

• **Sistema 1:** rápido y automático, este sistema de pensamiento nos permite tomar decisiones rápidas que requieren pocos recursos mentales. Este proceso es propenso a errores, pero es mejor usarlo para decisiones mundanas.

• **Sistema 2:** lento, pero preciso, este sistema de pensamiento nos permite tomar decisiones más complejas a costa de más recursos mentales.

Saber cuál usar es crucial. El Sistema 1, como se mencionó, le permite tomar decisiones rápidas basadas en suposiciones. por lo que es mejor usarlo cuando necesita decidir sobre cosas insignificantes, como qué zapatos desea usar durante el día. Sin embargo, no es ideal cuando debe tomar decisiones importantes, ya que estará sujeto a sesgos. Aquí es donde el Sistema 2 entra en juego. El Sistema 2 demanda más recursos, ya que requiere que recopile información, pero puede deliberar en problemas más complejos. En resumen, para aprovechar al máximo su capacidad de toma de decisiones, debe saber qué sistema utilizar.

Reglas Simples para una Mejor Toma de Decisiones

A la luz de todo esto, aquí hay algunos consejos para mejorar su toma de decisiones:

Descanse o Duerma

Si una decisión es importante, es posible que aún tenga algo de tiempo para pensar en ella. Después de todo, desea estar en el mejor estado mental cuando tome esas decisiones. Por lo tanto, descanse un poco para poder concentrarse. En este caso, es mejor el Sistema 2.

Las decisiones importantes no deben tomarse por capricho, y no querrá tomarlas cuando se sienta cansado y estresado.

Recopile los Hechos

Además de reservar el tiempo y la energía para pensar con claridad, también querrá tener suficiente información a mano. Después de todo, las decisiones que tomen serán tan buenas como la información que tenga. Por ejemplo, suponga que está buscando comprar un teléfono inteligente. Investigó un poco, pero solo pudo encontrar cinco teléfonos defectuosos. Puede tomarse todo el día para decidir cuál de ellos desea comprar, pero igualmente terminará con un teléfono defectuoso.

Pero la cuestión es que es posible que no haya tenido tiempo suficiente para recopilar información completa. Aquí puede utilizar el Sistema 1 para compensar porque no tiene muchas opciones de todos modos. Aun así, le recomiendo que evite involucrarse en una situación como esta en primer lugar.

Por lo tanto, reúna tanta información confiable como sea posible. De todos modos, no existe algo así como la información "completa".

Manténgase Abierto a Todas las Posibilidades

Cuando usamos el Sistema 1, interpretamos la información de manera diferente mediante suposiciones. Tendemos a sacar conclusiones o ser sesgados y dar más peso a la información que respalda nuestros sesgos. Por lo tanto, cuando necesite tomar una decisión importante, asegúrese que no esté utilizando el Sistema 1, y manténgase abierto a todos los hechos y posibilidades, especialmente aquellos que no desea o no le gustan.

Será más desafiante o incluso incómodo, pero puede ayudarle a evitar tomar las decisiones que podrían satisfacerlo en el momento, pero que regresan y lo muerden en el futuro.

Cree Reglas

Tenga en mente que todos somos humanos, por lo que incluso los mejores tomadores de decisiones son propensos a errores. Nos cansaremos, desmotivaremos, apresuraremos, emocionaremos y estresaremos en muchos momentos. Además, tomaría una eternidad reunir todos los hechos y datos y luego tomar cada decisión en nuestra vida diaria.

Como tal, cuando la mente está fresca, los tomadores de decisiones efectivos a menudo crean reglas y fórmulas simples para ayudarlos a guiarse en la dirección correcta, y dichas reglas a veces se extienden a situaciones de alta presión. Al hacerlo, creará una lista de verificación de cosas para hacer cuando necesita tomar una decisión, lo que le ayuda a permanecer lo más objetivo posible, en lugar de depender de la toma de decisiones intuitiva.

¿Cómo se ve esto cuando se implementa? Piense en cuando necesita hacer una lista de compras. Considere lo que realmente necesita comprar, y apéguese a ello cuando esté en la tienda, en lugar de simplemente navegar de un pasillo a otro, siendo tentado por todos los productos en oferta y su hambre.

Alternativamente, puede intentar establecer un límite superior para una gran compra y ceñirse a él. De esa manera, puede evitar comprar cosas costosas para las que podría tener dificultades para pagar más adelante, como una casa grande o un automóvil caro.

En resumen, todos somos propensos al pensamiento sesgado y emocional. Para minimizar este problema, desea crear reglas claras y sistemas para ayudar a su proceso de toma de decisiones.

10 Trucos Mentales para Ser un Mejor Pensador

Realmente no se requiere mucho para ser un mejor pensador. Todo lo que necesita es implementar estos diez trucos mentales, e inmediatamente verá mejoras en cómo piensa.

1. Confíe en su intuición: como he mencionado anteriormente, lo más significativo que ocurre dentro de su cerebro es realmente la sección inconsciente que a menudo está fuera de nuestro control. Realmente es la mente inconsciente la que hace la mayoría del trabajo pesado, porque esta es la que filtra la información que recibimos del mundo exterior, y luego expulsa emociones en el otro lado: conocemos esto como la "intuición", y siempre se nos ha enseñado a confiar en ella. La intuición es un cruce entre la lógica y la emoción, ya que la mente subconsciente solo sigue el sistema de creencias y experiencias pasadas. Podría decir que uno podría reproducir la intuición en el laboratorio. Sin embargo, es parte de nuestra emoción, debido a la salida. No nos dice qué está mal exactamente, pero nos dice que definitivamente algo no está bien. Así que no ignore esa sensación inquietante cuando esté a punto de hacer algo. Su mente subconsciente está tratando de decirle algo.

2. Nunca piense bajo presión: nuevamente, guarde la toma de decisiones para después. Es propenso a tomar malas decisiones cuando piensa bajo presión. Por lo tanto, desea dejar espacio para que su mente revise los datos y las opciones disponibles. Pero habrá un momento en que tendrá que tomar decisiones rápidas y con una gran incertidumbre. ¿Qué hace entonces? Pues bien, intente alejarse de la situación para darse algo de espacio para respirar. Incluso si no puede darse el pensamiento para pensar, al menos puede darse algo de espacio alejándose. Eso significa cerrar sus ojos, dar un paso atrás y respirar profundamente, lo que le permite detener su mente agitada y reiniciar el proceso de pensamiento.

3. Considere otras visiones: este es un truco utilizado por muchas personas en un entorno competitivo para anticipar el próximo movimiento de su oponente. Básicamente, cuando quiere hacer una jugada, tiene en cuenta cómo otros jugadores reaccionarán. También puede aplicar esto para entender la estrategia de su oponente y encontrar maneras para contrarrestarlo. Tenga en mente que planear se trata de considerar qué podría ocurrir, no qué debería ocurrir. Para hacer esto, simplemente póngase en los zapatos de la otra persona y piense como si usted fuera ella. ¿Qué haría usted en su lugar? Sun Tzu dijo que, si usted se conoce a sí mismo y a su enemigo, no debe temerle al resultado de cien batallas.

4. Cuestione sus preferencias: a veces, sus preferencias, como sus gustos y disgustos, pueden cegarlo a otras opciones. Por ejemplo, digamos que le encanta comprar ropa cara porque tiene la creencia que las cosas caras tienden a ser de mejor calidad que las más baratas. Esta creencia no siempre es incorrecta, pero ciertamente tiene errores. A veces, el precio de algunos productos se ha disparado debido a una simple etiqueta. Una etiqueta Supreme en su camisa no la hará increíblemente duradera que su contraparte sin marca. Incluso si la propia camisa es de una mejor calidad, probablemente no justifica su aumento de precio del 1000%. Un precio más alto no significa mejor calidad, y mucho menos cuánto lo disfrutará. Quizás el hecho de que le guste comprar ropa cara sea su cerebro engañándole. ¿Recuerda la disonancia cognitiva? Dado que gastó tanto dinero en su ropa, sentirá la necesidad de justificar el precio, y por lo tanto valida su experiencia a pesar de no ser cierta. Entonces, ¿qué puede hacer aquí? Simplemente averigüe lo que realmente le gusta. En nuestro ejemplo, tal vez el precio no importe. Lo que importa es que le gusta tener muchas prendas de vestir y puede comenzar a comprar otras más baratas. De esa manera, aún puede ser feliz y ahorrar mucho dinero en el largo plazo.

5. Tome duchas largas: una ducha es un lugar mágico por varias razones. Por un lado, siempre sale sintiéndose más fresco que cuando entró. Pero la verdadera magia es el extraño fenómeno llamado "pensamientos de ducha". Algunos dicen que estos pensamientos le vienen en la ducha porque está desconectado del mundo, y eso crea el espacio que le permite a su mente pensar de manera clara y adecuada. Le sorprendería ver cómo algunas ideas millonarias han salido directamente de la ducha. La mayoría de sus pensamientos de ducha serán completamente extraños. Numerosos estudios han mostrado que obtendrá esos momentos con mayor frecuencia cuando no está consciente que está pensando en el problema en cuestión. Esos momentos son a menudo cuando está tomando una ducha o en una caminata larga, pero dado que no muchas personas salen a correr o caminar al parque, atribuimos la fuente de tales pensamientos a la ducha. Esto es porque la mente no experimenta estrés o presión cuando está tomando una ducha o una caminata larga. Cuando la mente no está bajo estrés o presión, comienza a pensar y resolver problemas por sí misma.

6. Sea escéptico con sus recuerdos: lo que recuerda de un evento pasado puede no ser lo que realmente ocurrió. Claro, es posible que pueda recordar los detalles generales del pasado con cierta precisión, pero los detalles más pequeños pueden ser difusos. De hecho, cuanto más a menudo recuerde el mismo evento, menos preciso se volverá. Por lo tanto, basar sus decisiones en sus recuerdos es una mala idea.

7. No haga múltiples tareas: la corteza prefrontal es la parte del cerebro responsable por la fuerza de voluntad y los pensamientos. Lamentablemente, para algo tan importante, no tiene una gran reserva de energía. Usted se puede cansar muy rápido. Por ejemplo, suponga que tiene que esforzarse realmente al máximo cuando necesita completar un proyecto con prisa; cansará la corteza prefrontal. Después de eso, estará demasiado agotada para mantener su fuerza de voluntad, por lo que es más probable que tome decisiones impulsivas.

8. Aprenda de sus errores: vemos a las personas exitosas como si fueran un edificio imponente con un faro de luz en la parte superior. La luz representa el éxito, y es lo único que la mayoría de la gente ve. Lo que muchos no ven es que este faro está construido sobre innumerables errores. Cada persona exitosa le dirá que la clave para el éxito es aprender de sus errores. Muchas personas no llegan lejos en la vida porque tienen miedo de cometer errores. Por lo tanto, esté dispuesto a cometer errores y aprender de ellos. Incluso cuando le resulte algo, le sugiero que igualmente evalúe su rendimiento para ver en qué puede mejorar. Este perfeccionismo puede ser poco saludable si se exagera, así que, en lugar de intentar lograr la perfección, opte en su lugar por mejoras incrementales.

9. Sueñe despierto, en serio: soñar despierto pone a su mente creativa a trabajar. A veces, no puede ver la solución a un problema hasta que comienza a pensar de forma creativa. Su mente ya podría estar confundida cuando intenta desesperadamente resolver el problema, por lo que es posible que desee dar un paso atrás y soñar despierto un poco para permitir que la mente lógica descanse, y que la mente creativa trabaje.

10. Piense en pensar: piense en su propia mente como una navaja suiza. Tiene muchos usos, pero es útil solo si sabe usarla. La experiencia o la inteligencia desempeña un rol en determinar su juicio, pero esto no importa tanto como saber cómo usar su mente. La mente creativa y emocional podría obligarlo a comprar aquel automóvil caro, pero desea usar su mente racional cuando observe los términos del préstamo. Por lo tanto, sepa cuál herramienta utilizar que se adapte a la situación en cuestión.

Ejercicio de Pensamiento Crítico

El pensamiento crítico es como un músculo. Se necesita constante práctica para mejorarlo. Pensar críticamente es acumular conocimientos y experiencias. ¿Cómo podemos continuar mejorando nuestras habilidades de pensamiento crítico? ¿Cómo podemos animar a las personas a continuar mejorando sus habilidades de pensamiento crítico durante toda la vida?

Mejorar nuestro pensamiento crítico no requiere horas de planificación de lecciones ni materiales especiales. Pensar críticamente produce muchos beneficios, pero solo necesita ser curioso y de mente abierta.

No existe una forma mágica para mejorar su pensamiento crítico inmediatamente, y tomará tiempo practicarlo de manera rutinaria. A continuación, hay algunas estrategias que puede utilizar para ayudarlo a mejorar sus habilidades de pensamiento crítico en su vida diaria.

No Pierda Tiempo

¿Alguna vez ha notado en un momento que pierde el tiempo y se da cuenta que no obtiene nada a cambio? Todos han tenido esta experiencia en sus vidas, incluso las personas que son buenos pensadores críticos. Afortunadamente, podemos maximizar la productividad y minimizar el tiempo perdido en asuntos triviales. Por ejemplo, puede tomarse el tiempo que dedicaría a mirar televisión para planificar sus días con anticipación.

Hemos dispuesto algunas preguntas que puede usar para revisar cómo practica su pensamiento a lo largo del día:

- "¿En qué momentos durante el día hice mi mejor y mi peor pensamiento?"

- "¿En qué pensé hoy?"

- "¿Salió algo de mi pensamiento?"

- "¿Permití que la negatividad nublara mis pensamientos?"

- "Si pudiera volver a empezar el día ¿Haría algo diferente? ¿Qué y por qué?"

- "¿Algo de lo que hice o pensé tuvo algún beneficio para mis metas a largo plazo?"

- "Si pasara los próximos diez años pensando de la forma en que lo hice hoy, ¿lograré algo importante?"

Dedique tiempo a repasar todas estas preguntas, o concéntrense en unas pocas a la vez, y piense cuidadosamente sus respuestas, y anótelas en su diario. Cuanto más tiempo pase practicando esto, mejor será, y verá que emergen patrones en sus hábitos de pensamiento.

Aprenda Algo Nuevo Cada Día

Adopte la idea de que una vida de aprendizaje se trata de hacer del proceso de aprendizaje un viaje contínuo. Solo necesita aprender algo nuevo que antes no sabía, a diario. Puede comenzar preguntándose algo que haya sentido curiosidad por saber. ¿Hay alguna pregunta sobre algo para lo que le gustaría obtener una respuesta? Si es así, vaya y búsquela. No se detenga hasta que descubra la respuesta que ha estado buscando. No importa cuán simple o poco importante la pregunta pueda ser para otras personas, no tome esto en cuenta. A partir de esta práctica, puede aprender dos cosas a la vez. Puede satisfacer su necesidad intelectual y puede desarrollar su hábito de curiosidad.

Sin Límites para el Aprendizaje

Nunca jamás piense que usted es muy viejo para aprender algo nuevo o lograr algo asombroso. Hay muchas personas famosas que lograron grandes cosas cuando eran "viejas", así que ignore su edad y empiece a aprender a hacer algo nuevo. No hay límite de edad para aprender, particularmente en el proceso de mejorar las habilidades de pensamiento crítico.

Siempre Cuestione

Hacer preguntas muestra un signo de inteligencia en su cerebro. Hacer preguntas significa que usted es curioso por saber algo más. En el mundo de hoy, siempre deberíamos animar a nuestros niños a hacer preguntas para descubrir posibilidades y oportunidades. Las preguntas siempre son buenas, y las buenas preguntas siempre son mejores. El núcleo del pensamiento crítico y el aprendizaje permanente es la habilidad de hacer preguntas significativas que pueden llevar a respuestas constructivas y útiles. Animar a las personas a aprender teniendo como foco el hacer preguntas asegura que nuestros estudiantes no aprendan de solo una forma. Es un proceso de aprendizaje altamente interactivo cuando intercambiamos ideas y las discutimos haciendo preguntas. Como resultado, podemos desarrollar un hábito de curiosidad haciendo preguntas para buscar otras opiniones y visiones, sin dar nada por sentado.

Las siguientes preguntas son usadas para mejorar las habilidades de pensamiento crítico. Piense en algo que alguien le acaba de decir, y luego, hágase las preguntas a continuación:

¿Quién?

- "¿Conozco a esa persona?"
- "¿Tiene poder esa persona?"
- "¿Es importante saber quién me dijo esto?"

¿Qué?

- "¿Es un hecho o una opinión?"
- "¿Se proporcionaron todos los hechos?"
- "¿Se ha omitido algo?"

¿Dónde?

- "¿Público o privado?"

- "¿Se me otorgó la oportunidad de responder?"

¿Cuándo?

- "¿Hay alguna razón para su opinión?"

- "¿Están tratando de hacer que alguien se vea bien o mal?"

¿Cómo?

- "¿Feliz, triste o enfadado?"

- "¿Hablado o escrito?"

- "¿Pude entender?"

Escucha Activa

La escucha activa es realmente esencial en el pensamiento crítico ya que tendrá suficiente información del hablante, y al prestar atención, le surgirán buenas preguntas que permitirán obtener más información. Algunos dicen que tiene dos oídos y una boca por una buena razón. Un buen líder permite que otros hablen primero antes de expresar sus propias ideas y opiniones. De acuerdo a un estudio de la Universidad de Missouri, muchas personas son oyentes débiles. Tampoco ayuda cuando hay demasiadas distracciones. La mayoría de las personas piensan que escuchar es algo fácil de hacer, pero en realidad es muy difícil, especialmente cuando esto significa escuchar activamente. Para ser un oyente activo, tenemos que hacer un esfuerzo consciente y concertado para oír palabras dichas por el hablante, y más importante, necesitamos comprender lo que se dice dentro de su mensaje. Además, también es fundamental entender lo que el hablante quiere o se esfuerza por lograr en la conversación.

Mejorar la Escucha Activa

Las habilidades de escucha activa, al igual que otras habilidades comunicativas, pueden ser aprendidas, logradas y enseñadas.

- **Hable menos:** esto debiera ser obvio porque es imposible hablar y escuchar al mismo tiempo. Escuche y no intente hablar o pensar en una respuesta todavía. Concéntrese en lo que el hablante dice para obtener un mensaje claro. Luego, puede responder. De esa manera, permitirá que el hablante diga todo lo que necesita decir, para que pueda comprender completamente lo que intentan decir.

• **Adopte un modo de escucha:** guarde silencio y preste atención para escuchar lo que se dice. Además, asegúrese que usted responda apropiadamente. La escucha activa está destinada a promover respeto y entendimiento. Al escuchar, usted gana más información, datos, perspectiva y conocimientos. Atacar al hablante y dejarlo en el suelo no ayuda a nadie. Por supuesto, eso tampoco significa simplemente sentarse y asentir. Esto nos lleva al siguiente punto.

• **Responda adecuadamente:** sea franco, honesto y abierto con su respuesta y haga valer sus opiniones con respeto. Cuando responda y provea sus propias opiniones, considere que puede pueden sonar tan mal como ellos le suenan a usted. Recuerde lo que es importante en la discusión: alcanzar un acuerdo sobre la mejor solución. Por lo tanto, no importa quién tiene la razón. Lo que importa aquí es que una buena decisión fue tomada ese día. Además, usted está aquí para recibir ideas y conocimiento, y la otra persona está ahí para compartirlo. Puede guardar la discusión hasta después de la presentación. Siempre habrá una oportunidad para conversar.

• **Haga que el hablante se sienta cómodo:** debe mostrar algunos gestos o signos de acuerdo en su escucha. Si piensa que sentarse los hace sentir cómodos a ambos, puede organizar los asientos para la conversación. Tenga en cuenta el ambiente en que se está comunicando.

• **Evite distracciones:** esto significa que debe asegurarse que mantenga su teléfono en silencio, mantener la pantalla de televisión o parlante apagado. Si la persona con la que está conversando solicita privacidad, puede tener la conversación en una habitación privada y cerrar la puerta

• **Deje a un lado sus prejuicios personales:** es difícil para la mayoría de las personas, pero podemos abordar este problema mediante el aprendizaje y la práctica. Interrumpir a las personas se considera de mala educación y una pérdida de tiempo, ya que solo sirve para enfurecer a la otra persona y restringe un entendimiento completo del mensaje. Por lo tanto, permita que el hablante termine adecuadamente cada punto. En algunos casos, el hablante hará una pausa, ofreciéndole la oportunidad de hacer una pregunta. Ese es el momento de hablar. Además, nunca interrumpa un contra-argumento.

• **Preste atención al tono del hablante:** el tono de las palabras del hablante a veces refuerza el significado de las palabras, y en otras ocasiones, puede esconder el significado de las palabras. Asegúrese de conocer la diferencia.

• **Busque el significado:** cuando escuchamos, oiremos lo que otras personas dicen. Eso es claro. Pero lo que las personas dicen en voz alta puede no ser realmente lo que están tratando de decir. Lo que queremos escuchar es el significado detrás de sus palabras, no solo las palabras.

• **Proporcione comentarios:** la comunicación es una vía de dos sentidos. Usted habla y escucha. Pero a veces, cuando escucha, es posible que no entienda completamente lo que se dice debido a sesgos personales, creencias, prejuicios, suposiciones, etc. Por lo tanto, desea contrarrestar este problema intentando comprender el mensaje con claridad. Para hacer eso, solo tiene que parafrasear lo que dice el hablante. Exprese sus ideas con sus propias palabras, y verifique con el hablante si usted entiende correctamente lo que está diciendo. Si se le dice que entendió equivocadamente, haga preguntas aclaratorias. Aparte de eso, asegúrese de resumir de vez en cuando lo dicho por el hablante durante la conversación, para asegurarse que aún está en la misma página.

Resuelva Solamente el Problema

En esta época, todo el mundo tiene demasiados problemas para resolver y muy poco tiempo. Puede encontrarse con varios problemas en todas partes, ya sea en el lugar de trabajo, en su hogar, o mientras entra y sale de casa. Estoy hablando de los problemas que no puede simplemente barrer bajo la alfombra. Por supuesto, algunos problemas naturalmente se resuelven por sí solos, pero es su problema principalmente porque se originó de sus acciones o elecciones, y este tipo de problema no desaparece por sí solo simplemente. Por lo tanto, solo le queda una opción, y es abordar todos los problemas uno a uno, y hacer todo lo posible para evitar que ocurran más en el futuro.

Tómese un momento ahora y observe lo que está mal en su vida. Si encuentra que hay tantas cosas que pierde la cuenta, no se desespere. Esto es algo muy común. Incluso las personas que cree que tienen todo resuelto también tienen muchos problemas en los que preferirían no pensar. Pero aquí está el asunto, no logrará nada a menos que comience a mirar su vida, ver los problemas, y comenzar a trabajar para resolverlos.

Desea generar impulso, por lo que no tiene que enfrentar los problemas más grandes de inmediato. Simplemente puede comenzar a resolver un problema para mejorar constantemente su vida.

Como Les Brown escribió alguna vez, "si tiene un problema que un hombre o Dios pueden resolver, entonces no tiene ningún problema". Lo que él intentaba decir era que todos nos preocupamos demasiado de los problemas en nuestras vidas, y mucho menos por mirarlos y resolverlos. Es una perspectiva aterradora para muchas personas. El asunto es que los problemas son inevitables. Son un aspecto de nuestras vidas, y todos debemos aprender a aceptar este hecho. Podemos lograr más en la vida si los aceptamos y los vemos como una tarea más para tachar de la lista de tareas pendientes. Entonces, y solo entonces, podremos pasar a resolver problemas con una actitud más positiva.

Ahora, veamos un enfoque diseñado por los autores Richard Paul y Linda Elder. En su enfoque, usted tendrá una hoja de ruta para resolver un problema que debe enfrentar a diario.

• Tiene que plantear el problema de la forma más clara y precisa posible.

• Debe comprender su problema y saber con qué está lidiando, y también debe dejar de lado los otros problemas sobre los cuales no tiene control, y ahorrar tiempo para concentrarse en los problemas que puede realmente resolver.

• Necesita averiguar la información que necesita y descubrirla activamente.

• Necesita analizar e interpretar cuidadosamente la información que recopila.

• También necesita identificar qué puede hacer en el corto y largo plazo. Averigüe todas las opciones de acción, y visualice la solución más apropiada que quiere que ocurran.

• Debe evaluar sus opciones, y tomar en cuenta sus pros y contras.

• Debe asumir un enfoque estratégico del problema y ceñirse a él.

• Necesita realizar un seguimiento a su progreso a medida que implementa sus acciones, y estar listo para revisar y alterar su estrategia en caso de ser necesario. Además, su estrategia debe ser lo suficientemente flexible como para permitir cambios cuando tenga más información disponible.

Se necesita mucho tiempo y práctica para mejorar sus habilidades de pensamiento crítico, pero verá una mejora significativa cuando siga todas estas actividades y sistemas simples.

Haciendo las Preguntas Correctas

El pensamiento crítico consiste en utilizar la información que tiene de la mejor manera que pueda. Como tal, es igualmente importante recopilar el tipo correcto de información. Una manera de hacerlo es mediante la observación o el cuestionamiento. Sin embargo, la observación no puede llevarlo tan lejos, ya que solo puede responder algunas de las preguntas más básicas.

Hacer las preguntas correctas le permite comprender mejor la situación y analizarla adecuadamente. La mejor manera es seguir el "método Starbursting" mediante una tormenta de ideas y haciéndose estas seis preguntas: ¿Cómo, qué, dónde, cuándo, por qué y quién?

Por ejemplo, suponga que se le asigna la tarea de resolver un problema de accesibilidad en su oficina. Ha habido quejas acerca del hecho que ciertas escaleras han dificultado el acceso de personas con discapacidad a algunas áreas, particularmente la entrada principal, ya que se encuentra algo elevada, lo que requiere el uso de escaleras. Entonces, las preguntas que debe hacer primero son:

- **Quién:** ¿quién está destinado a usar las escaleras?

- **Qué:** ¿qué ocurre con las escaleras? ¿Cuáles son las opciones para resolver el problema?

- **Cómo:** ¿cómo podemos implementar nuestras opciones? ¿Cómo podemos diseñar un acceso en lugar de las escaleras de manera en que las personas con discapacidad puedan usarlo?

- **Dónde:** ¿dónde usaremos esas nuevas ideas?

- **Cuándo:** ¿cuándo utilizan más las escaleras las personas con discapacidad?

- **Por qué:** ¿por qué necesitamos cambiar el diseño de la escalera? ¿Por qué las personas con discapacidad tienen una experiencia tan mala?

Alternativamente, también puede usar el elemento de pensamiento para ayudarlo a identificar las preguntas correctas. Los elementos de pensamiento reflejan cómo pensamos sobre la situación. Incluyen propósito, preguntas, información, interpretación, conceptos, suposiciones, implicaciones y puntos de vista.

- **Propósito:** metas y objetivos. La pregunta: ¿qué estamos intentando resolver? ¿Qué quiero lograr?

- **Pregunta:** problemas y asuntos. La pregunta: ¿qué debería preguntar?

- **Información:** datos, hechos, observaciones, experiencias. La pregunta: ¿qué necesito saber para comprender el problema?

• **Interpretación:** conclusiones y soluciones. La pregunta: ¿cómo los demás proponen diferentes soluciones?

• **Conceptos:** definiciones, teorías, leyes, principios y modelos. La pregunta ¿cuál es el principal concepto de esta idea?

• **Suposiciones:** presuposiciones y axiomas. La pregunta: ¿qué estamos asumiendo como verdadero o falso sin confirmar?

• **Implicaciones:** resultados y consecuencias. La pregunta: ¿cómo podemos involucrar estas nuevas ideas?

• **Punto de vista:** marcos de referencia, perspectivas, orientaciones. La pregunta: ¿cómo se relacionan los diferentes puntos de vista con el problema?

Por supuesto, el siguiente paso es responder todas estas preguntas sin suposiciones o prejuicios. Aquí debe tener un profundo entendimiento del problema, y puede avanzar con los pasos necesarios para encontrar la mejor solución al problema. En nuestro ejemplo aquí, la solución incluía utilizar ascensores en lugares donde las personas con discapacidad puedan encontrarlos y acceder a ellos fácilmente, o utilizar plataformas inclinadas para permitir que los usuarios de sillas de ruedas subir y bajar fácilmente.

Cómo Agudizar sus Habilidades de Pensamiento Crítico

Todos conocemos a Sherlock Holmes y sus incomparables habilidades de pensamiento lógico. Afortunadamente, esto es algo que todos podemos lograr con un poco de práctica. Por supuesto, tal vez un complicado caso de asesinato esté fuera de su alcance, pero al menos podrá mejorar sus habilidades de pensamiento lógico a un nivel que facilite mucho la resolución de problemas y la toma de decisiones. Estas habilidades contribuirán a su éxito en su vida personal y profesional. Entonces, ¿qué puede hacer para agudizar su mente?

Aprenda la Terminología

Antes que comience a repasar sus habilidades de pensamiento lógico, vale la pena conocer el conjunto de términos asociados y familiarizarse con ellos; como suposición, premisa, argumento, conclusión, inferencia, observación, diferentes declaraciones, etc. De esa forma, el resto del viaje será mucho más fácil.

Hacer Conclusiones Lógicas

Suena extraño, pero la práctica hace al maestro. No necesita involucrarse en una situación difícil para mejorar sus habilidades de pensamiento lógico. Tratar de pensar en afirmaciones condicionales, y encontrar causas y consecuencias de hechos pequeños e insignificantes es suficiente. Básicamente, solo identifique la premisa y la conclusión en cualquier declaración condicional, y establezca un vínculo entre ellas.

Por ejemplo, supongamos que, si está nevando, hace frío afuera. Entonces, tenemos la declaración: "si está nevando, hace frío afuera". En una oración condicional, si la premisa es verdadera, entonces la conclusión también es verdadera. Eso es. Simplemente desarrolle este tipo de pensamiento con otras cosas y vea si la relación funciona entre la premisa y la conclusión.

Juegue Juegos de Cartas

Hay otras formas de hacer divertido el proceso de aprendizaje. ¿Por qué no reúne a sus amigos una vez por semana para jugar un alegre juego de cartas, para estimular su cerebro a pensar rápida y lógicamente? Los juegos de cartas desafiantes solo merman el ánimo y hacen que el proceso de aprendizaje se vuelva arduo. Los juegos de cartas simples le ayudarán a mejorar su memoria, concentración y habilidades analíticas.

Incluso puede incorporar estrategia a estos juegos para darle vida a las cosas. Juegos como el Ocho Loco o el ¡Pesca! son perfectos para niños. Para los adultos, juegos como el Blackjack o el Póker funcionan igualmente bien.

Haga que las Matemáticas Sean Divertidas

De acuerdo, las matemáticas son una de las cosas menos divertidas en todo el mundo para muchas personas, pero también es uno de los mejores ejercicios para mejorar sus habilidades de pensamiento lógico. Verá, la matemática es más que solo hacer cálculos. Aquellos que sobresalen en las matemáticas también dominan la lógica, porque la única diferencia entre los dos son números y letras. La matemática es lógica simplificada para que todos puedan entenderla.

Afortunadamente, no necesita sentarse y calcular toda la tarde para mejorar sus habilidades de pensamiento lógico. Existen muchas formas divertidas para trabajar en matemáticas. Hay muchos desafíos mentales en juegos de matemáticas en muchos sitios web o aplicaciones de teléfonos móviles a los que puede acceder.

Otros juegos relacionados con las matemáticas, como el Sudoku, también son atrayentes y desafiantes, permitiéndole mejorar la habilidad de su cerebro para resolver problemas reales más rápido.

Resuelva Misterios y Descifre Códigos

Otra forma de mejorar el pensamiento lógico es leyendo historias de crímenes y novelas de detectives. Después de todo requieren el pensamiento de los lectores. Si leer no es lo suyo, considere ver películas o programas de televisión de ese género. El desafío aquí es resolver el misterio antes que lo haga el héroe de la historia. Por supuesto, habrá giros en la trama o diferentes interpretaciones de la trama, por lo que no se desanime si al final todo es diferente a como lo imaginó. Lo que realmente importa aquí es que se ponga a pensar de manera lógica.

En este caso, usualmente tiene muchas posibilidades. Su trabajo aquí es eliminar aquellas que son improbables o imposibles. Otro ejercicio genial para el cerebro es descifrar códigos, que lo puede encontrar en Internet y jugar con sus amigos.

Debata

Los debates nos desafían a hilar nuestros pensamientos de una forma convincente. Si bien sabemos que algo es bueno o malo, explicarlo a los demás es difícil. Los debates nos obligan a buscar causas y consecuencias detrás de nuestras creencias, y convertirlas en argumentos sólidos y encontrar la conexión lógica detrás de todo.

Porque debe pensar lógicamente y decidir en el momento, los debates pueden mejorar sus habilidades de pensamiento lógico. Entonces, únase a un club de debate u organice un debate con sus amigos sobre literatura, sociedad, música, política, etc.

Sea Estratégico

El pensamiento lógico se trata de comprender las conexiones lógicas y unir las piezas. Al aprender a pensar estratégicamente, desarrollará un activo valioso para su vida personal y profesional. El pensamiento estratégico incluye anticipación, pensamiento crítico, interpretación, decisión y aprendizaje. Puede mejorar este tipo de pensamiento jugando a juegos de estrategia como juegos de mesa, videojuegos, o juegos para mejorar el cerebro, o diseñando una estrategia para eventos deportivos.

Note el Patrón

Las personas con grandes habilidades de pensamiento lógico todos los días ven patrones que los otros no notan. Esos patrones pondrán a prueba sus habilidades de pensamiento lógico, junto con las formas que los anticipan y completan. Una excelente manera de entrenar el reconocimiento de patrones es escudriñar todo y encontrar una respuesta mediante una suposición fundamentada.

Por ejemplo, tenemos un conjunto de números: 1, 4, 9, 16 y 25. ¿Cuál de los números a continuación sigue?

a) 50

b) 36

c) 44

d) 78

Si escogió "b", entonces felicitaciones. Notó el patrón en los números. Cada número en el conjunto está elevado al cuadrado y se incrementa en uno. Entonces, es 1x1, 2x2, 3x3, 4x4 y 5x5. Debe familiarizarse con estos problemas y ser capaz de pensar rápidamente en una respuesta.

Siete Métodos de Pensamiento Crítico

"Pensar es un trabajo cualificado. No es cierto que estemos naturalmente dotados con la habilidad de pensar clara y lógicamente, sin aprender cómo o sin practicar". A. E. Mander.

Mantenga las Cosas Simples

No todo requiere una solución complicada. A veces, explicamos demasiado y simplemente terminamos perdiéndonos nosotros mismos y a los demás, incluso llegando a olvidar cuál era el problema o pregunta original. Evite esto volviendo a lo básico, volviendo a las preguntas formuladas, para intentar y resolver el problema; preguntas como:

- "¿Qué sabe ya sobre esto?"
- "¿Cómo lo supo?"
- "¿Qué es lo que intenta mostrar, probar, criticar, etc.?"
- "¿Qué le falta?"

Cuestione Todas las Suposiciones Básicas

Todos podemos hacer el ridículo al no cuestionar esas suposiciones básicas. La mayoría de los avances científicos comenzaron con un desafío a una creencia común. Los innovadores simplemente preguntan, "¿y si me equivoqué?" Cuestionar sus suposiciones le permitirá pensar de manera más crítica acerca de las posibilidades y sobre lo que es apropiado.

Conozca y Comprenda Sus Propios Procesos Mentales

Los humanos pueden pensar críticamente, y eso es lo que nos pone por sobre otros animales. Sin embargo, no siempre es fácil pensar críticamente, principalmente por cómo pensamos. El cerebro humano depende, en gran medida, de atajos mentales, como una forma de explicar las cosas que ocurren a nuestro alrededor. Si bien eso puede ser útil cuando necesita tomar una decisión muy rápida, puede no ser tan útil cuando está tomando decisiones que cambian la vida. Los atajos mentales no siempre son los más precisos, y es por eso que es tan importante que estemos conscientes de los sesgos cognitivos y los prejuicios personales, porque ambos pueden afectar nuestras decisiones.

Sí, todos los humanos tienen sesgos cognitivos de algún tipo; el hecho de estar consciente de esto es lo que nos hace capaces de pensar críticamente, y es algo que todos los pensadores críticos deben considerar.

Invierta las Cosas

Si se encuentra en un punto muerto, incapaz de resolver un problema complicado, invierta las cosas. Sí, sabemos que X es responsable de Y, pero ¿y si fuera al revés? ¿Qué pasaría si Y fuera responsable de X?

El ejemplo obvio es el huevo y la gallina. Sí, sabemos que la gallina viene antes del huevo; la gallina pone el huevo, entonces eso es lógico. ¿Pero qué pasaría si nos preguntáramos de dónde vino esa gallina? Pues bien, la gallina proviene de un huevo, entonces, seguramente, el huevo viene primero, ¿no?

A veces, sabrá inmediatamente que lo inverso simplemente no es cierto, pero puede ponerlo en el camino correcto hacia la solución correcta.

Evalúe la Evidencia

Una de las cosas más útiles que podemos hacer es evaluar soluciones previas a problemas similares, y es importante hacer esto de manera crítica. Si no lo hace, puede estar seguro de que llegará a la conclusión equivocada. Hágase algunas preguntas simples: ¿de dónde proviene la evidencia? ¿Cómo se recopiló? ¿Por qué la otra persona resolvió el problema anterior de esa manera?

Tomemos como ejemplo la investigación realizada sobre los cereales azucarados. Un estudio, de manera bastante convincente, mostró que, de hecho, los cereales azucarados son buenos para su salud. Ahora bien, en el fondo, usted sabe realmente que eso no es cierto, y al ahondar más en la evidencia, sale a la luz que la compañía de cereales pagó por el estudio. En ese caso, probablemente sea justo decir que esa empresa influyó en el estudio.

Sin embargo, sería incorrecto descartar el resultado como no válido; lo que debemos hacer es tener en el fondo de nuestras mentes que podría haber un conflicto de interés.

Piense por Sí Mismo

No todos tienen fe en sí mismos, poniendo toda su confianza en la lectura y la investigación. A menudo, las personas olvidan que pueden pensar por sí mismas: olvidan usar una de las herramientas más poderosas a su disposición: sus propias mentes y cerebros. El exceso de confianza no es inteligente; simplemente entienda que a veces, la única manera de llegar a una solución es pensar por usted mismo. Use sus propias opiniones, pensamientos e ideas. Y no dependa solo en las de otras personas.

No Podemos Pensar Críticamente Todo el Tiempo

Simplemente no es posible, ¿pero sabe qué? No hay nada malo en eso. Solo recuerde utilizar el pensamiento crítico cuando se trata de tomar decisiones complejas o resolver problemas difíciles. No tiene que pensar críticamente todo el tiempo y respecto a cada cosa.

Seis Pasos para un Pensamiento Crítico Efectivo

Diariamente tenemos que lidiar con problemas, desde cosas pequeñas e insignificantes, hasta decisiones importantes que cambian la vida. En muchos casos, nos enfrentamos al desafío de comprender una perspectiva diferente cuando abordamos cualquier situación. Nuestros procesos de pensamiento están basados en experiencias previas o situaciones similares. Si bien eso nos permite pensar rápidamente, eso no siempre significa que podamos resolver los problemas de forma efectiva, porque nuestras emociones podrían nublar nuestro juicio. No solo eso, nuestras decisiones podrían verse aún más afectadas al priorizar los factores incorrectos, u otros factores externos también. Aquí, el pensamiento crítico nos permite establecer un proceso de toma de decisiones racional y de mente abierta, basado principalmente en hechos y pruebas sólidas.

Como mencionamos anteriormente, hemos desarrollado algunos atajos mentales que nos ayudan a tomar decisiones de manera más rápida, especialmente en situaciones de vida o muerte. Aquí, el pensamiento crítico evita que saquemos conclusiones apresuradas. Puede ralentizar nuestros procesos de pensamiento, pero nos ayuda a tomar la decisión correcta. Nos ayuda a guiarnos a través de pasos lógicos que nos permiten descubrir más perspectivas y soluciones, mientras quitamos esos atajos mentales basados en sesgos personales. El proceso de pensamiento crítico consta de seis pasos:

1. Conocimiento

Cada problema requiere una visión clara para encontrar la solución correcta. En este paso, debe identificar el problema. Para hacerlo, haga muchas preguntas para comprender cada detalle del escenario. De esa manera, puede entender qué influye en el resultado, o qué debe abordar desde el comienzo. En algunos casos no hay un problema real, por lo que no es necesario seguir con los otros pasos. Esto es igualmente importante, porque intentar resolver un problema que no existe es una pérdida de tiempo y podría empeorar la situación. Para identificar el problema, comience haciendo preguntas abiertas para reunir tanta información como sea posible, y pavimentar el camino para discutir y explorar el problema. Las dos principales preguntas a hacer son: ¿cuál es el problema? ¿Por qué necesito resolverlo?

2. Comprensión

Luego de identificar la situación, puede luego intentar comprender los hechos y situaciones que llevaron a este momento. El proceso de recopilación de información debe seguir cualquiera de los métodos de investigación que puedan cambiarse según el problema, el tipo de datos disponibles, y el plazo requerido para resolverlo

3. Aplicación

Continuando con el paso anterior, este paso requiere que conecte los puntos de la información que recopiló con los recursos disponibles para resolver el problema. Puede usar mapas mentales para que lo ayuden a analizar la situación, estableciendo una conexión entre esta y el problema de fondo, y luego determinar el mejor enfoque para proceder.

4. Análisis

Cuando todos los datos han sido recolectados, y se han hecho las conexiones entre estos y los problemas principales, entonces la situación ya está evaluada lo suficiente como para identificar: lo que realmente está sucediendo; los pros y los contras; y los desafíos para resolver el problema. Debe concentrarse en las causas fundamentales y pensar en cómo puede abordarlas en la solución. Puede usar un diagrama de causa-efecto para ayudarlo a analizar el problema y sus circunstancias. El diagrama lo ayuda a dividir el problema de sus causas, y a identificar y categorizar estas últimas basadas en sus tipos e impacto en el problema.

5. Síntesis

Después que el problema esté totalmente analizado, y toda la información relevante haya sido considerada, el siguiente paso es decidir cómo resolver el problema y crear un plan de acción. Si hay más de una solución, se debe considerar sus ventajas e inconvenientes. Identifique qué necesita priorizar para encontrar la mejor solución en su interés. Recomendamos que use un análisis FODA para identificar las fortalezas, debilidades, oportunidades y amenazas de la solución.

6. Acción

El paso final es poner su decisión en acción. El pensamiento crítico también se aplica en la fase de acción, y la acción debe tener sus propios pasos. Si su plan de acción es de largo plazo o involucra a un equipo, vale la pena tener un plan de acción que lo ayude a ejecutar su decisión adecuadamente.

Además, su plan debe tener ciertos indicadores para identificar qué tan bien va el trabajo, para que pueda evaluar su progreso y adaptarse según sea necesario. Por supuesto, su plan de acción debe ser claro, pero flexible.

Otras Maneras de Mejorar el Pensamiento Crítico

El pensamiento crítico es un proceso por el cual sistemáticamente, o deliberadamente si lo prefiere, tomamos información y la averiguamos por nosotros mismos.

Algunas de las maneras en que podemos considerar críticamente la información incluyen:

• Analizando

• Conceptualizando

• Evaluando

• Sintetizando

Y la información sobre la que estamos pensando críticamente también puede provenir de múltiples fuentes como:

• Comunicación

• Experiencia

• Observación

• Razonamiento

• Reflexión

Todas estas fuentes nos guiarán para tener ciertas creencias y actuar.

El pensamiento crítico no es la forma en que pensamos normalmente cada día. En ciertos momentos, pensamos automáticamente, pero cuando pensamos deliberadamente, usamos algunas de las herramientas de pensamiento crítico para llegar a una conclusión más precisa.

La mayor parte de nuestro pensamiento cotidiano no es crítico, y eso es bueno para nosotros, porque no necesitamos gastar mucha energía de nuestro cerebro pensando en todo. Si tuviéramos que pensar crítica o deliberadamente respecto a todo, no nos quedaría ninguna energía cognitiva para pensar en otra cosa que sea más importante. Por lo tanto, es bueno que gran parte de nuestro pensamiento cotidiano ocurra automáticamente.

Sin embargo, podemos tener problemas si dejamos que nuestros procesos mentales automáticos gobiernen las decisiones importantes. Si no pensamos críticamente, es fácil que la gente nos controle. En nuestra vida diaria, si no nos detenemos y pensamos deliberadamente, es fácil que nos veamos involucrados en discusiones sin sentido o envueltos en tonterías.

Los Seis "Sombreros" de Pensamiento

Su estilo de pensamiento tiene sus propios pros y contras. Los pensadores optimistas a menudo ven las oportunidades, pero tienden a pasar por alto los riesgos o las desventajas asociadas a ellas. Los pensadores cautelosos son lo contrario, ven solo riesgos y no oportunidades. Al cambiar su estilo de pensamiento, podría ser capaz de encontrar nuevas soluciones a problemas complicados.

La mejor manera de abordar un problema es viéndolo desde varios ángulos. Puede usar el modelo de los "Seis Sombreros de Pensamiento" para ayudarlo a adoptar diferentes puntos de vista. También puede ser usado como una herramienta de verificación de decisiones en situaciones grupales, ya que puede alentar a todos a explorar la situación desde varias perspectivas simultáneamente.

Al obligarse a sí mismo a alejarse de su estilo de pensamiento habitual, el modelo de los Seis Sombreros de Pensamiento le permite observar una situación desde una perspectiva diferente, permitiéndole verla de manera más objetiva.

Si bien puede pensar en una buena solución a su problema usando un punto de vista racional y positivo, igualmente vale la pena explorar el problema desde otros ángulos. Por ejemplo, puede ver el problema desde un punto de vista intuitivo, creativo, emocional, o de gestión de riesgos. Podría sorprenderse al ver las buenas soluciones que se están perdiendo. Además, no decidir basado en estos puntos de vista puede significar tomar una decisión que los demás no reciban bien, porque sus necesidades no son satisfechas, no se utilizan ideas creativas, o no se reconocen planes de contingencia esenciales.

Implementando el Modelo de los Seis Sombreros de Pensamiento

Este modelo puede usarse en reuniones grupales, por ejemplo, dándole cada sombrero a cada persona de manera uniforme, o sombreros individuales a personas individuales. En este escenario, existe el beneficio de prevenir la confrontación ya que cada persona ve el mismo problema, pero desde un ángulo diferente; eso significa que todos tienen una opinión válida; cada sombrero equivale a una manera de pensar.

Sombrero Blanco

El sombrero blanco tiene un estilo de pensamiento que se enfoca principalmente en los datos disponibles. Ve la información que tiene, analiza tendencias pasadas, e intenta encontrar un patrón o aprender algo de ello. Intente encontrar vacíos en su conocimiento y trate de tomarlos en cuenta o rellenarlos. No debe seguir más allá de comprender los hechos y los vacíos de conocimiento. Las preguntas aquí son: "¿Qué sabemos?" y "¿Qué datos tenemos?".

Sombrero Rojo

El sombrero rojo se enfoca más en la intuición, el instinto y la emoción. El objetivo de este estilo de pensamiento es comprender la reacción emocional de todos sin intentar entender la razón detrás de dichas reacciones. Más importante aún, trate de comprender las respuestas que vienen de aquellos que no entienden su razonamiento. Aquí debe preguntar "¿Qué opina de esta sugerencia" y "¿Hay algo que le parezca extraño?".

Sombrero Negro

El sombrero negro se trata más de la negatividad que puede surgir de una decisión. Todo debe ser observado desde un punto de vista defensivo o cauteloso; en lugar de ver la forma en que puede funcionar, vea donde no funcionará, donde las cosas pueden salir mal. Fundamentalmente, este tipo de pensamiento puede mostrar dónde un plan tiene puntos débiles, dándole la opción de eliminarlo, hacerle cambios, o tener un plan para contrarrestar los resultados negativos.

Con el pensamiento de sombrero negro, su plan puede ser más sólido, ya que verá los riesgos y los errores antes de su implementación. Para cuando implemente el plan, será demasiado tarde; los recursos ya habrán sido gastados, y usted estará muy involucrado como para salir ileso. Muchas personas altamente exitosas muestran un exceso de optimismo, y esto las deja muy abiertas porque no ven los problemas que tienen por delante. No están preparados para nada que salga mal. Pregúntese, "¿Hay alguna forma de que esto salga mal?" y "¿Qué riesgos existen?".

Sombrero Amarillo

El pensamiento del sombrero amarillo es positivo y alegre, representado por el color de la esperanza. El optimismo le ayuda a encontrar los beneficios en sus decisiones, ver qué valores tienen. Este tipo de pensamiento es motivador, especialmente cuando la marcha es difícil. Debería preguntarse, "¿Qué ventajas tiene esta solución?" y "¿Por qué esta solución es viable?".

Sombrero Verde

El verde es el color de la inteligencia, y representa una racha creativa. Con este sombrero sus enfoques a un problema deben ser creativos, promoviendo el pensamiento libre y pocas posibilidades de crítica.

Sombrero Azul

Este estilo de pensamiento se enfoca principalmente en el control de procesos. Está pensado para guiar la totalidad del proceso de toma de decisiones, y determinar qué "sombrero de pensamiento" debe usar cada uno. Por lo tanto, cuando las cosas salen mal, el sombrero azul será usado para revisar el proceso entero para diagnosticar lo que está ocurriendo y luego aplicar el sombrero de pensamiento correcto para resolver ese problema. Si encuentra que el problema es la falta de ideas, entonces se usará el sombrero verde. Si encuentra que las cosas están saliendo mal y se necesita crear planes de contingencia, se usará el sombrero negro.

Un Ejemplo de Seis Sombreros

Entonces, ¿Cómo se ven las cosas cuando se usan los seis sombreros de pensamiento? Por supuesto, no todos son necesarios en la mayoría de los escenarios, y qué sombrero use dependerá del objetivo de la decisión. Este modelo de pensamiento puede también ser utilizado en otro contexto. Por ejemplo, se puede usar para ayudar a los estudiantes a desarrollar sus habilidades de pensamiento creativo, y aprender a identificar soluciones luego de haber desarrollado un entendimiento profundo del problema.

Para ilustrar cómo se usarían estos sombreros, le daré dos escenarios. En el primer escenario, diferentes personas del equipo usarán diferentes sombreros de pensamiento para tomar una decisión. En el segundo escenario, todos juntan sus mentes bajo el mismo sombrero de pensamiento, pero luego cambian de sombrero a medida que avanzan en el proceso de toma de decisiones.

Escenario 1

Entonces, en el primer escenario, suponga que usted es uno de esos directores de una empresa inmobiliaria. La junta está considerando si se debería invertir en un nuevo bloque de oficinas. La investigación preliminar muestra que la economía está floreciendo, y que también hay una alta demanda de espacios de oficinas, porque se están comprando a la izquierda, derecha y al centro. Entonces, ¿cómo se utilizarían los seis sombreros en esta situación?

Empecemos con el sombrero blanco. Aquí, algunos directores verán todos los datos que poseen. En este caso, ven su oferta, la cual es el espacio de oficinas vacante disponible en la ciudad. Debido a la economía, ven que el espacio de oficinas vacante está empezando a bajar. Si deciden adquirir el nuevo edificio de oficinas ahora, cuando esté terminado, la oferta será extremadamente baja. Aparte de eso, también ven que la economía está creciendo, y esperan que el crecimiento continúe.

Luego, otros directores se ponen el sombrero rojo y ven el diseño del edificio actual. Afirman que el diseño actual se ve aburrido y no inspira creatividad y productividad, y también apuntan a que los clientes antiguos de la compañía hicieron los mismos reclamos, además del hecho que los competidores también están cambiando sus diseños a algo más moderno.

A continuación, entran en juego los pensadores de sombrero negro. Aquí, ellos observan el pronóstico económico, y saben que podría ser incorrecto. Qué pasaría si la economía experimenta una caída repentina, y luego todos los edificios de oficinas se quedarían allí pudriéndose, o solo estarían parcialmente ocupados por un corto tiempo, lo que significa que no hay ganancias. Si eso ocurre en algún momento en el futuro, entonces todo el mundo está mirando una economía con una alta oferta y baja demanda.

Por otro lado, los pensadores de sombrero amarillo entienden que siempre habrá riesgos asociados a cualquier inversión. Será un enorme gasto de dinero, pero son más optimistas acerca de la economía. Si sigue floreciendo y el pronóstico es correcto, entonces pueden obtener un gran retorno de la inversión. Ellos también reconocen el peligro de una recesión económica, pero sugieren varios planes de contingencia para contrarrestar este efecto. Pueden vender los edificios de oficinas antes de que esto ocurra, o continuar alquilándolos, pero con contratos de arrendamiento a más largo plazo que podrían durar más que cualquier recesión. Esto hace que el alquiler del espacio de oficinas sea una perspectiva muy atractiva para muchas empresas, incluso si los edificios en sí no son estéticamente agradables.

Después, los pensadores de sombrero verde toman los consejos de los pensadores de sombrero rojo, amarillo y negro, y consideran si deberían rediseñar el edificio. Tienen algunas ideas al respecto. Pueden optar por el diseño de prestigio que se ve tan atractivo que las personas aún querrían alquilar el espacio, incluso durante la recesión económica, aunque eso signifique gastar más en la construcción. Alternativamente, podrían aprovechar la recesión ya que los costos de construcción de las oficinas bajarían. Luego, pueden simplemente comprar esas propiedades, venderlas o alquilarlas después de la recesión, lo que generaría un alto retorno de la inversión.

A lo largo del proceso, los pensadores de sombrero azul controlan cómo avanza la discusión y se aseguran de que las ideas sigan fluyendo y animan a otros directores a cambiar sus sombreros de pensamiento, y ver si pueden proponer más ideas.

Cuando combina todos estos estilos de pensamientos, la junta directiva tiene una idea mucho más clara de la situación y sus posibles consecuencias, y puede tomar decisiones en consecuencia.

Escenario 2

Esta vez, usted se encuentra en un grupo de diseñadores a quienes se les encarga rediseñar el paquete del producto de su empresa. El flujo entonces sería algo como esto:

Primero, todos se ponen el sombrero blanco de pensamiento para discutir qué es lo que saben acerca del paquete. ¿Cómo se ve? ¿Cómo nuestros competidores diseñan sus paquetes? ¿Qué dicen los clientes sobre nuestro paquete? ¿Qué tan bien recibidos son los paquetes de nuestros competidores?

Luego, todos siguen con el pensamiento de sombrero amarillo para identificar las ventajas de diseñar el paquete, su proceso, y cómo el producto puede verse beneficiado con el nuevo diseño. Por lo tanto, puede preguntar acerca de los beneficios del rediseño o qué impactos positivos podría traer el nuevo diseño.

A partir de ahí, el equipo completo se pone el sombrero de pensamiento negro y discute las desventajas del cambio de diseño. Discuten los impactos negativos en las ventas del producto y los objetivos de marketing. Aquí, todos observan los riesgos asociados con el cambio de diseño.

Después, todos siguen con el pensamiento de sombrero rojo, reflejando sus reacciones emocionales hacia el paquete actual y el nuevo. ¿Cómo se sienten todos con el paquete actual? ¿Cómo se compara con el nuevo? ¿Qué podrían sentir los clientes hacia el nuevo diseño? ¿Cómo se siente el equipo respecto de cambiar el diseño actual?

En la fase de pensamiento de sombrero verde, todos comienzan a pensar en el nuevo diseño desde una perspectiva creativa e innovadora. Esto ayuda al equipo a pensar sobre el nuevo diseño y pueden mejorar el anterior analizando sus defectos de diseño.

A lo largo de la totalidad del proceso de toma de decisiones, los moderadores usan el sombrero azul para mantener las ideas y la discusión en marcha, y dirigirlas de una forma que facilite la sesión.

Como puede ver, el modelo de los Seis Sombreros de Pensamiento nos permite ver una situación desde varios puntos de vista, dándonos la oportunidad de analizar la situación más a fondo para obtener una comprensión más profunda. Además, este modelo nos proporciona un método de pensamiento sistemático al cubrir el tema desde diferentes enfoques. Este tipo de pensamiento organizado puede llevarlo a una solución ideal en el proceso de toma de decisiones.

Conclusiones

Gracias por leer Sesgos Cognitivos: Una Fascinante Mirada dentro de la Psicología Humana y Qué Puede Hacer para Evitar la Disonancia Cognitiva, Mejorar sus Habilidades para Resolver Problemas y Tomar Mejores Decisiones. Con todo el conocimiento adquirido en este libro, usted está bien encaminado para mejorar sus habilidades de pensamiento e identificar sus propios prejuicios, y con suerte, aprender a ser un poco menos prejuicioso.

La clave aquí es pensar sistemáticamente e ir más lento si es necesario. Siempre es mejor pensar más lento que decidir incorrectamente. Tener buenas habilidades de pensamiento crítico lo coloca muy por encima de los demás en el ámbito profesional y personal, ya que puede decidir y actuar de una manera que mejor beneficie a todos. No se puede enfatizar lo suficiente lo importante que es desarrollar sus habilidades de pensamiento crítico, especialmente en esta época, donde la manipulación y la desinformación corren desenfrenadamente.

Afortunadamente, usted ya no es una víctima de estas falsedades. Su vida mejorará significativamente gracias a su nueva forma de pensar. Dese una palmada en la espalda por leer hasta aquí, y buena suerte en su viaje.

Recursos

Parte 1:

https://www.verywellmind.com/lesson-three-brain-and-behavior-2795291

https://www.sciencedaily.com/releases/2018/11/181108142443.htm

https://opentextbc.ca/introductiontopsychology/chapter/3-2-our-brains-control-our-thoughts-feelings-and-behavior/

https://www.huffpost.com/entry/20-psychological-studies-_n_4098779

https://www.mindful.org/mind-vs-brain/

https://en.wikipedia.org/wiki/Heuristic

https://examples.yourdictionary.com/examples-of-heuristics.html

Parte 2:

https://en.wikipedia.org/wiki/List_of_cognitive_biases

https://en.wikipedia.org/wiki/List_of_fallacies

https://blog.hubspot.com/marketing/common-logical-fallacies

https://www.boardofinnovation.com/blog/16-cognitive-biases-that-kill-innovative-thinking/

https://www.inc.com/jessica-stillman/6-cognitive-biases-that-are-messing-up-your-decision-making.html

https://www.randstad.ca/employers/workplace-insights/women-in-the-workplace/how-to-subvert-unconscious-biases-at-work/

https://hbrascend.org/topics/how-to-manage-biased-people/

https://blog.iii.ie/inside-track/5-ways-to-reduce-unconscious-bias-in-the-workplace

https://greatergood.berkeley.edu/article/item/how_adults_communicate_bias_to_children

https://www.newsweek.com/parenting-parents-mom-dad-biased-favorite-child-research-study-finances-equal-677768

https://mcc.gse.harvard.edu/resources-for-families/5-tips-for-preventing-and-reducing-gender-bias

https://www.forbes.com/sites/pragyaagarwaleurope/2018/12/03/unconscious-bias-how-it-affects-us-more-than-we-know/

https://www.thoughtco.com/gender-bias-4140418

https://www.sciencenewsforstudents.org/article/think-youre-not-biased-think-again

https://www.theguardian.com/women-in-leadership/2015/dec/14/recognise-overcome-unconscious-bias

https://www.psychologytoday.com/us/blog/in-practice/201508/6-ways-overcome-your-biases-good

https://www.fastcompany.com/90303107/how-to-become-a-less-biased-version-of-yourself

https://hbr.org/2015/05/outsmart-your-own-biases

Parte 3:

https://www.verywellmind.com/what-is-cognitive-dissonance-2795012

https://www.drnorthrup.com/4-ways-to-reduce-cognitive-dissonance/

https://en.wikipedia.org/wiki/Neuroplasticity

https://www.designorate.com/steps-effective-critical-thinking/

https://highexistence.com/its-all-in-your-head-how-to-take-advantage-of-neuroplasticity/

https://collegeinfogeek.com/improve-critical-thinking-skills/

http://www.skilledatlife.com/how-beliefs-are-formed-and-how-to-change-them/

https://www.briantracy.com/blog/personal-success/10-step-process-to-solve-any-problem-critical-thinking/

https://www.forbes.com/sites/forbescoachescouncil/2018/10/09/overcome-biases-and-blind-spots-in-decision-making/

https://www.psychologytoday.com/us/blog/persuasion-bias-and-choice/201806/5-tips-better-decision-making

https://www.realsimple.com/work-life/life-strategies/10-ways-better-thinker

https://www.mindtools.com/pages/article/newTED_07.htm

www.ingramcontent.com/pod-product-compliance
Lightning Source LLC
Chambersburg PA
CBHW070800300326
41914CB00053B/752